跨界培训师

从新手到高手

韦良军　韦良宜　韦益章◎著

中国铁道出版社有限公司

CHINA RAILWAY PUBLISHING HOUSE CO., LTD.

图书在版编目（CIP）数据

跨界培训师从新手到高手 / 韦良军，韦良宜，韦益章
著 .—北京：中国铁道出版社有限公司，2022.9
ISBN 978-7-113-29090-0

Ⅰ. ①跨… Ⅱ. ①韦… ②韦… ③韦… Ⅲ. ①职业培训

Ⅳ. ① C975

中国版本图书馆 CIP 数据核字（2022）第 071386 号

书　　名：**跨界培训师从新手到高手**
KUAJIE PEIXUNSHI CONG XINSHOU DAO GAOSHOU
作　者：韦良军　韦良宜　韦益章

责任编辑：王　宏	编辑部电话：（010）51873038	电子邮箱：17037112@qq.com
封面设计：宿　萌		
责任校对：孙　玫		
责任印制：赵星辰		

出版发行：中国铁道出版社有限公司（100054，北京市西城区右安门西街 8 号）
印　　刷：北京铭成印刷有限公司
版　　次：2022 年 9 月第 1 版　2022 年 9 月第 1 次印刷
开　　本：710 mm×1 000 mm 1/16　印张：14.75　字数：271 千
书　　号：ISBN 978-7-113-29090-0
定　　价：69.80 元

前　言

　　全媒体时代的媒体表现形式和媒介形态的多样化重构了人们的学习世界，在新的世界里，人人都是学习者。在学习者数量日益激增和学习需求不断扩大的同时，对培训师的需求也与日俱增。于是，越来越多的人才跃跃欲试，想跨界成为一名培训师。

　　媒体表现形式和媒介形态的多样化，从某种程度赋予了人们更多的跨界工具和机遇，只要人们拥有一定的知识和技能，就可以通过媒介展示出来，跨界成为一名培训师。虽然机会较多，但是并不意味着通过媒介简单地分享自己的想法就能成为跨界培训师。真正意义上的跨界培训师能明确培训的意义和价值，能够将知识和技能传递给学习者，帮助学习者解决问题、提升能力、实现自我价值。

　　全书内容共八章，首先介绍了跨界培训的定义和时代机遇，接着运用通俗易懂的语言由浅入深地讲解了跨界培训中的教与学、跨界培训师如何塑造个人品牌形象、培训课程开发的流程和技巧、跨界培训现场指导等各种教学技巧和培训方法，同时结合线下、线上课程培训的实操案例为读者实践提供参考，系统阐述了如何成为一名真正意义上的培训师。

本书旨在帮助职业人士、技能专家、大学教授、企业培训师等读者重新认识跨界培训师，并掌握成为一名优秀跨界培训师的策略和技巧。所以，如果你正准备跨界成为一名培训师，但是又不知道如何跨出第一步，如何成功走上跨界培训之路，那么请打开这本书，相信你一定可以在里面找到自己想要的答案，助力自己实现跨界培训师之梦。

编　者

目　录

第 5 章　教学现场：让跨界培训增值的课堂魅力

第 6 章　培训方法：不同跨界课堂的培训技巧

第8章　实践应用：跨界培训师的实践案例

附录　跨界培训管理工具

第 1 章
重新定义：
人人都是跨界培训师

全媒体重构了人们的学习世界，在这个可以随时随地在任何终端学习的世界里，人人都是学习者，人人也都是跨界培训师。

1.1　全媒体时代的学习世界

随着媒体的不断发展，人们迎来了全媒体时代。学界暂未对"全媒体"给出一个明确的定义，百度百科对"全媒体"给出的初步定义是："全媒体"是指媒介信息传播采用文字、声音、影像、动画、网页等多种媒体表现手段（多媒体），利用报纸、杂志、出版、音像、电影、网站等不同媒介形态（业务融合），通过融合的广电网络、电信网络以及互联网络，最终实现任何人在任何时间、任何地点以及任何终端都可以获得想要的信息。全媒体不仅颠覆了人们传统的获取信息的方式，也重构了人们的学习世界，实现可以随时随地在任何终端学习。

1.1.1　人人都是学习者，人人都是培训师

在全媒体时代，学习的概念非常广泛，大到可以通过媒体学习专业领域的知识、技能，例如编程、法律、金融；小到学习家居收纳、美食制作。几乎各行各业的人都在学习。

全球领先的移动互联网第三方数据挖掘与整合营销机构——艾媒咨询 (iiMedia Research) 数据显示，2020 年中国在线学习用户职业分布 TOP5 中，46% 的用户为企业白领，稳居首位；排名第二的职业为专业技术人员 (非医护军警)，占比约为 12.8%；10.2% 的在线学习用户职业为教师，自由职业者和政府机构或事业单位工作人员分别位于第四和第五名，占比均为 7.2%；其他职业占比约为 16.6%。如图 1-1 所示。

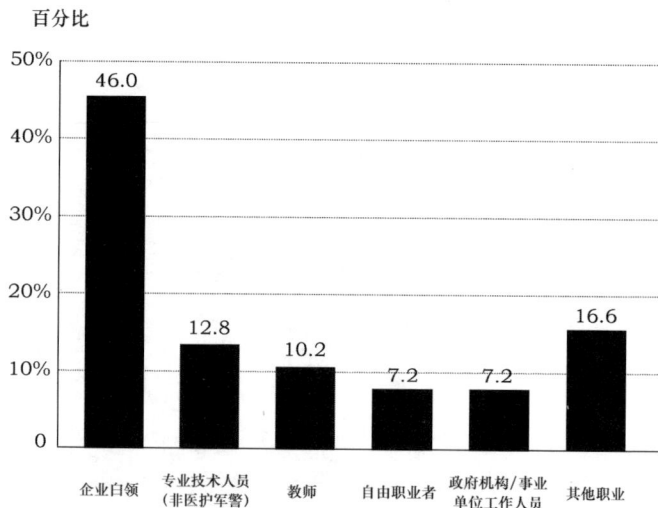

图 1-1　2020 年中国在线学习用户职业分布

无论人们处于什么行业，学习什么样的知识和技能，他们都可以被称为学习者。

所以从图 1-1 的数据中可以看出，全媒体时代几乎人人都是学习者。此外，基于各种因素，如自我提升、兴趣培养或工作技能提升，人们对学习的兴趣和需求变得越来越强烈。

艾媒咨询数据显示，2020 年中国在线教育市场规模达 4 858 亿元，增速达到 20.2%。与此同时，中国在线教育用户规模逐年递增，2020 年用户规模已达 3 766 万人。庞大的数据背后显示出人们学习意识的空前高涨和学习需求的不断增加。在这种状态下，培训师职业的需求也呈现出爆发式的增长。

在传统时代，要想成为一名培训师也许不是一件非常容易的事情，不仅要具备丰富的专业知识和技能，还要通过相关考试拿到专业证书才能顺利走上培训师的岗位。但是全媒体时代让"成为培训师"变成了一件更加简单、便捷的事情。只要你在某个领域具备一定的专业知识和技能，就可以通过合适的媒体形式、媒介形态向他人传递自己拥有的知识和技能，成为一名培训师。

所以，全媒体时代是一个人人都是学习者的时代，也是一个人人都是培训师的时代。

1.1.2　从"翻转课堂"到"翻转学习"

全媒体时代重构了人们的学习世界，也升级了教学模式——从"翻转课堂"到"翻转学习"。

"翻转课堂"也称为"反转课堂式教学模式"，是指将"老师白天在课堂上讲解知识，学生晚上回家完成作业"的传统教学模式反转过来，构建"学生晚上回家通过观看教学视频的方式学习新知识，白天在课堂上完成家庭作业，促进知识吸收与掌握的知识内化"。在"翻转课堂"上，老师不再占用课堂上的时间来讲授知识，这些信息需要学生在课前进行自主学习。学生可以自由选择看视频、听广播、阅读书籍或者在网络上与他人进行讨论等形式完成自主学习。

这种教学模式的核心其实就是将学习的决定权从老师转移到学生。当学生掌握了学习的决定权后，也意味着学习将会变成一件更加灵活、主动、学生参与感更强的事情，因此能够进一步激发学生的学习积极性和主动性。

虽然"翻转课堂"这种个性化的教育方式能够有效激发学生的学习积极性和主动性，但是实践表明，"翻转课堂"这种教学模式也存在一些弊端，如图 1-2 所示。

"翻转课堂"教学模式存在的弊端	
1	"翻转课堂"的模式没有真正解决因材施教问题,很容易导致成绩一般的学生在班级"跟着跑",而不能根据自己的学习能力和知识内化能力制订合适的学习计划
2	对于不善于提问或学习主动性不强的学生来说,"翻转课堂"的效果并不理想
3	"翻转课堂"可能降低老师的作用

图 1-2　"翻转课堂"教学模式存在的弊端

为了解决图 1-2 中的这些弊端,提升教育质量和效果,全媒体时代的教学模式从"翻转课堂"升级为"翻转学习"。

"翻转学习"是指以老师为中心和外部教育模式,转变成以学生为中心和学生自我管理的教学模式。这种模式不仅要翻转课堂,更要深入地翻转整个学习过程,进而从根本上满足每一位学生的需要,真正实现个性化学习。具体地说,"翻转学习"是将直接教学从集体学习空间转移到个人学习空间,从而把集体空间变成一种动态的、交互的学习环境,老师在学生运用概念和创造性地参与科目学习过程中给予针对性的指导,使学生可以在面对面的课堂时间获得更加丰富、更有意义和价值的学习体验。

"翻转学习"的核心是个性化学习,学生以自己为中心,选择自己喜欢的学习方式获取自己想要的知识和技能。全媒体时代让个性化学习这件事变得更加简单、便捷。因此,越来越多的人尝试"翻转学习"。在"翻转学习"这种新的教学模式下,学习者越来越多,他们希望可以通过自主、灵活的学习方式建立自己的知识体系,实现自己个性化的学习目标。

1.1.3　从"系统化学习"到"碎片化学习"

全媒体时代不仅升级了教学模式,也创造了新的学习方式——从"系统化学习"到"碎片化学习"。

在传统媒体时代,人们学习的方式大多是"系统化学习",包括学习内容的系统化和学习时间的系统化。学习内容的系统化是指将零碎的知识整合在一起,让学习者能够系统、全面地理解,掌握相关知识和技能。学习时间的系统化是指有比较完整、集中的时间进行学习。学生在学校学习就属于典型的"系统化学习"。

"系统化学习"是吸收知识和内化知识比较好的一种学习方式,但是"系统化学习"

也存在一些弊端，如图 1-3 所示。

	"系统化学习"存在的弊端
1	学习者没有完整、集中的时间去进行系统化的学习
2	学习者未必想学习系统的内容，也许他们只是对某一部分的内容比较感兴趣

图 1-3　"系统化学习"存在的一些弊端

基于以上两个弊端，人们很难进行"系统化学习"。随着人们的学习意识和需求越来越强烈，与"系统化学习"对应的"碎片化学习"逐渐成为主流学习方式。

"碎片化学习"是指通过对学习内容进行分割，使学习者可以使用零碎的时间对学习内容进行碎片化的学习。例如，学习者可以利用通勤半个小时的时间学习提高阅读效率的三个技巧。

"碎片化学习"的三个优点，如图 1-4 所示。

"碎片化学习"的三个优点	
灵活度更高	对学习内容进行分割后，每个碎片内容的学习时间变得更加可控，进而能够让学习者根据个人情况灵活地调整学习时间
针对性更强	对学习内容进行分割后，学习者可以重点学习对自己更加有帮助或者自己感兴趣的那部分内容
吸收率更高	对学习内容进行分割后，由于单个碎片内容的学习时间较短，在一定程度上保障了学习者的学习兴趣，学习者对知识的吸收率也会有所提升

图 1-4　"碎片化学习"的三个优点

"碎片化学习"的三个优点刚好对应人们没有完整、集中的时间以及未必需要学习系统化的内容两个问题，符合新时代人们对学习方式的需求。传统媒体时代可能很难实现人们期望的"碎片化学习"，但是全媒体时代正好能够满足人们的这种学习需求。

全媒体时代可以让人们随时随地在任何终端上学习。这就意味着无论是在通勤的半个小时，还是在午休的 2 小时或者睡前的 2 小时，人们都可以实现时间价值最大化，在有限的时间学习对自己有帮助或自己感兴趣的知识和技能。

全媒体时代，是从"系统化学习"到"碎片化学习"进化的一个时代，让学习的边界变得越来越模糊，似乎从真正意义上打造了一个快速、高效的学习世界。

1.1.4 从"线下学习"到"线上学习"

随着全媒体时代的到来，学习者的学习方式也发生了巨大的变化，开始从"线下学习"逐渐转变为"线上学习"。

"线下学习"是指传统式班级授课，培训师与学习者可以面对面交流。"线上学习"是指培训师通过线上的媒体传播知识和技能，让学习者可以借助终端在线学习的一种方式。这两种学习方式都有其特别之处，如图 1-5 所示。

"线下学习"与"线上学习"的特点	
"线下学习"	现场感比较强，支持培训师与学习者进行深切互动
	高效解决学习中遇到的问题
	对学习者起到监督作用
	教学时间、场所固定
	资源有限
	价格较贵
"线上学习"	现场感较弱，培训师与学习者之间的互动较弱
	学习者可能需要自己通过其他方式寻找解决问题的方案
	更加考虑学习者的自觉性
	不受时间和地点的限制
	资源丰富
	价格较合理

图 1-5 "线下学习"与"线上学习"的特点

从图 1-5 中可以看出，"线下学习"的优点是培训师与学习者能够深切互动，及时解决学习中遇到的问题，能够进一步保障学习效果。但是"线上学习"的现场感、互动感较弱，很难帮助学习者及时解决问题。所以从学习效果的层面来说，"线下学习"的效果可能高于"线上学习"。但是"线上学习"的时间和场所固定，这两点是很多学习者对"线下学习"望而却步的关键原因。所以，越来越多的学习者倾向于"线上学习"。

国内知名的移动互联网第三方数据挖掘和数据研究机构——比达咨询数据显示，截至 2020 年 6 月，我国在线教育用户规模达 4.5 亿，较 2018 年底增长了 2.5 万人，占网民整体的 42.3%，如图 1-6 所示。

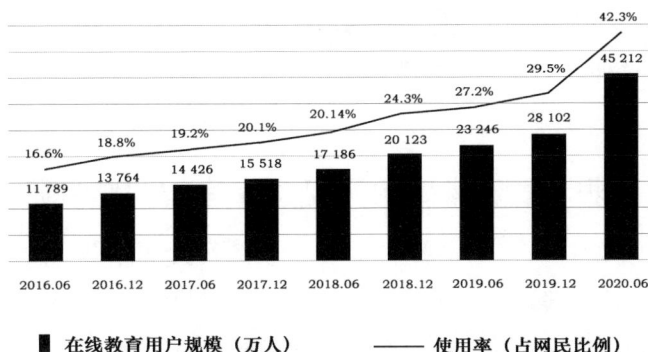

■ 在线教育用户规模（万人）　　　—— 使用率（占网民比例）

图 1-6　2016—2020 年中国在线教育用户规模及使用率

从图 1-6 中可以很直观地看出，从 2016 年到 2020 年，在线教育用户的规模和使用率一直呈上升趋势。这表明人们在积极探索和实践"线上学习"。

人们的学习方式之所以会从"线下学习"逐渐转变为"线上学习"，主要归功于全媒体时代，因为是全媒体时代的到来让"线上学习"变成了一件非常简单、便捷的事情，学习者可以在任何时间、地点学习任何自己想要学习的知识。而且媒介的形态越来越丰富，例如培训师可以通过直播的形式传授知识，加强与学习者之间的互动，在线及时答疑，进一步提升学习效果。

虽然越来越多的人选择"线上学习"，但是并不意味着"线上学习"可以替代"线下学习"。因为"线下学习"和"线上学习"的功能和作用不同，两种可以相互结合，相辅相成。所以，只能说全媒体时代进一步丰富了人们的学习方式，让人们的学习世界变得更加广阔，让学习成了一件唾手可得的事情。

1.2　什么是跨界培训师

随着全媒体的不断发展，越来越多的人成了"跨界人才"。比如"斜杠青年"就是"跨界人才"的一种典型体现。"斜杠青年"指的是一群不再满足"专一职业"的生活方式，而选择拥有多重职业和身份的多元生活的人群。这些人在自我介绍中会用"/"来区分，例如：张某，程序员 / 写作者 / 培训师。也许张某的本职是程序员，但是工作之余他会在网络上发布一些专业文章，向读者分享自己的专业知识和技能，跨界成为一名写作者和培训师。

在人们的学习意识和需求越来越强烈的全媒体时代，越来越多的人的"/"中出现了"培训师"这一职业身份，他们会利用各种媒介形式向他人分享、传授自己的知识和技能。我们将这种拥有线上线下系统分享、传授知识和技能的跨身份、跨职业、跨讲台的人称为"跨界培训师"。

1.2.1 身份跨界：既是家庭主妇又是家居收纳培训师

身份跨界是比较常见的一种"跨界培训师"跨界的表现形式。身份通常是指人的社会地位和资格，也指特别受人尊敬的地位。所以，身份跨界就是指从一种社会地位跨界到另一种社会地位。比如从家庭主妇跨界为家居收纳培训师就属于典型的身份跨界。

张倩是一名家庭主妇，每天的主要任务是负责家庭成员的饮食起居，收纳、整理房间，合理利用、布局家里的每一个空间，为家庭成员打造一个温馨、舒适的居住空间。在这样的环境中，张倩的整理、收纳能力逐渐得到了提升。

某天，张倩在某自媒体平台上看到一名用户抱怨自己家因为有了小孩后变得凌乱不堪，家里几乎没有落脚的地方，她希望能够了解一些家居收纳方面的知识和技能。张倩顿时想要跟她分享一下自己在家居收纳方面的经验，于是她在该自媒体平台开通了账号，通过短视频的方式分享、传授自己在家居收纳方面的一些经验。就这样，张倩从家庭主妇转身变成了家居收纳培训师。

当张倩通过短视频分享、传授自己在家居收纳方面的一些经验时，她就拥有了双重身份，既是家庭主妇又是家居收纳培训师。这也表明她凭借自己在家居收纳方面的能力成功实现了跨界。

全媒体时代像张倩这种通过转变身份成功实现跨界的人才有很多。具体来说，通过身份跨界的人才通常有以下三种特征，如图1-7所示。

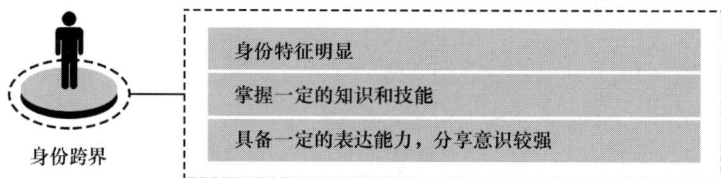

图 1-7　身份跨界

一是身份特征明显。 任何人都有一个身份，但不是任何身份都可以跨界成为培训师。通常来说，能够通过身份跨界成为培训师的人都是因为其身份特征比较明显，例如，家庭主妇、大学教授、全职育儿父亲/母亲等，这些身份能够帮助他们提升某方面的能力，助力他们成为跨界培训师。

二是掌握一定的知识和技能。单单拥有一个特征明显的身份，而没有掌握一定的知识和技能也无法成为跨界培训师。例如，不是所有的家庭主妇都一定能跨界成为家居收纳培训师，只有掌握了一定的家居整理、收纳以及空间规划技巧的家庭主妇才有可能成为家居收纳培训师。所以，能够实现身份跨界的人往往掌握了某个领域的知识和技能。

三是具备一定的表达能力，分享意识较强。这一点是身份跨界应具备的关键能力，因为只有他们愿意主动积极去表达、分享，才能成功转变身份，跨界成为培训师。

在"斜杠青年"盛行的全媒体时代，越来越多的人开始看到自己的身份特征，发现自己在某方面的能力，然后通过转换身份成功实现跨界，成为一名跨界培训师。

1.2.2 职业跨界：既是销售冠军又是销售培训师

职业跨界是指从一个职业跨界到另一个职业，比如从销售冠军到销售培训师就属于职业跨界。

李俊是一名销售人员，在长时间的销售工作中积累了丰富的销售方面的知识和技能，如专业知识和理论、营销理念、人际关系交往技巧、产品相关知识。这些知识和技能帮助他在工作中不断地创造价值，取得惊人的业绩，助力他成了团队的销售冠军。

成为团队的销售冠军后，公司要求销售冠军每个月的月末要为其他销售人员进行一次技能培训，将自己在工作中积累的知识、技能和经验分享、传授给大家。就这样，李俊从销售冠军转身变成了销售培训师。

李俊原来的职业是销售，然后凭借自己在销售方面突出的能力又跨界成为销售培训师，但他并没有放弃做销售，而是拥有销售冠军和销售培训师两份职业。因此，我们认为李俊通过职业跨界成为一名跨界培训师。

职场中，一些能力较为突出且取得了不错成绩的人都开始通过职业跨界成为一名培训师。这些跨界人才的典型特征有以下两点，如图 1-8 所示。

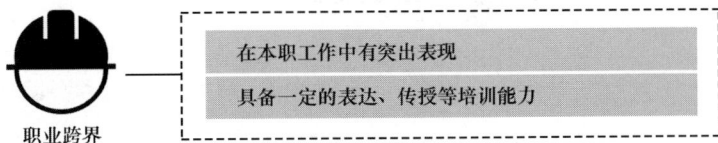

职业跨界

在本职工作中有突出表现

具备一定的表达、传授等培训能力

图 1-8　职业跨界

一是在本职工作中有突出表现。职场中，能够拥有双份职业，从本职跨界为业内培训师的人通常都是因为在本职工作中有突出表现，例如，销售冠军、优秀员工等。这些突出的表现让他们具备一定的能力和实力实现职业跨界。

二是具备一定的表达、传授等培训能力。这一点在身份跨界中已经提及，在职业跨界中也是十分关键的能力。如果一个销售冠军无法清晰地表达、传授自己所积累的知识和技能，或不愿意主动、积极分享，那么他也很难成为跨界培训师。

实际上，无论是在大企业还是中小企业，都需要这样既是销售冠军又是销售培训师的职业跨界人才。这样的人才不仅可以在自己的本职工作中取得出色的业绩，创造价值，还能够通过技能培训向团队其他成员传递价值，帮助企业实现人才价值最大化。在这种情况下，企业领导自然愿意给予这样的人才更多的晋升、加薪以及其他发展机会。所以，一些在工作岗位上成绩较突出的佼佼者都有可能通过职业优势成为一名跨界培训师。

职业跨界中比较常见的是同行业跨界，例如上述案例中的李俊从销售冠军跨界为销售培训师，就是在销售行业中进行的职业跨界。此外，还可以在不同行业中进行职业跨界。例如，张成的本职工作是销售，此外他非常擅长摄影，是一名业余摄影师，经常通过图文形式在自媒体平台上分享、传授摄影方面的知识和技能，这就意味着张成实现了从销售冠军到摄影培训师的职业跨界。

相较于同行业的职业跨界来说，不同行业间的职业跨界对跨界人才的技能要求更高，需要跨界人才在两个不同行业中均掌握一定的知识和技能，同时还要拥有一定的分享、培训能力。

总之，职业跨界没有明显的边界，只要你在某个行业具备一定的知识和技能，同时具备一定的分享、培训能力，就可以实现职业跨界，成为一名跨界培训师。

1.2.3 讲台跨界：既在线下培训又在线上直播

在第一章 1.1 节中我们提到，全媒体时代改变了人们的学习方式，越来越多的人开始从"线下学习"转变为"线上学习"。与之对应的，培训师的讲台就要从"线下"转移到"线上"，也就是实现了讲台跨界。相比较来说，讲台跨界是比身份跨界和职业跨界更加简单的一种跨界方式，因为讲台跨界只是改变了分享、传授知识和技能的途径，其他方面不会存在太多的不同。跨界难度较低，加之"线上学习"需求的激增，越来越多的跨界人才开始通过线上直播这类线上形式传授知识和经验，成为一名跨界培训师。

一般来说，进行讲台跨界的人更多的是传统的以线下培训为主的培训师。

王军是一名销售培训师，培训形式主要是线下培训。在多年的线下培训中，他不仅积累了丰富的专业知识和技能，也掌握了高效的培训技巧和方法。但是基于他对学生以及身边朋友的观察发现，他们越来越喜欢线上学习，于是他在某自媒体平台上开通了账号，通过直播授课的形式分享、传授销售方面的知识和技能。

线下培训也就是传统的面授式培训，培训师可以与学习者面对面交流，能够强化学习者对知识的理解和吸收。但是随着时代的发展，一些培训师发现线下培训总会出现各种各样的问题导致学习者不断流失，主要问题有以下几点，如图 1-9所示。

培训师在线下培训中遇到的问题	
1	学习者临时有事，不能按照约定的时间来到教室学习
2	学习者认为只需要重点听取课程中的某一部分内容，全部课程听下来会浪费他们的时间
3	因为时间和地点固定，导致学习者产生抵触学习的情绪

图 1-9　培训师在线下培训中遇到的问题

线下培训中的主要问题聚焦于学习方式不灵活，学习者无法自由选择学习的时间和地点。于是一些培训师开始通过图文、短视频、直播、录播等"线上讲台"开展培训活动。

虽然图文、短视频、直播和录播等线上形式的互动性没有传统课堂上的互动性强，但是这种时间、地点和终端都可以自由选择的学习形式，深得生活节奏快、时间碎片化时代的人们的厚爱。他们可以在约定的时间准时进入培训师的直播间，也可以在自己有空的时候阅读培训师发布的图文、短视频的内容，抑或是观看培训师在某平台录播的课程。他们还可以在室内选择手机、平板观看，也可以在通勤路上用手机观看。也就是说，他们可以随时随地学习。

但是这并不是说线下培训和线上学习是对立的，全媒体时代的发展不会淘汰线下培训，因为两者是相辅相成的，都有着自己独特的特点和不足之处。所以越来越多的线下培训师在积极探索、实践线上模式，通过合适的媒介在线分享、传播知识和技能的同时，也在不断地对线下培训形式进行创新，力争打造更具吸引力的线下课堂。像他们这种通过讲台跨界既在线下培训又在线上培训的培训师，我们同样称为跨界培训师。随着全媒体的发展，这种从"线下"转移到"线上"的跨界培训师将会越来越多。

无论是通过身份、职业或讲台，或者其他形式跨界的培训师都可以称为跨界培训师。这也验证了"人人都是学习者，人人都是培训师"。在全媒体时代，只要你拥有一技之长，都可以借助合适的媒介形式跨界成为一名培训师，使自己的价值最大化。

1.3 跨界培训师的行动指南

在全媒体时代成为一名培训师是一件简单的事情，人们可以通过身份、职业或其他形式轻松实现跨界，成为跨界培训师。但是这并不是说人人都可以成为一名跨界培训师，因为真正意义上的培训师是集演说力、实战力、教练力等为一身的人，对个人的各个方面的能力要求都比较高。因此，要想在全媒体时代成为一名跨界培训师，就要了解并掌握跨界培训师的行动指南，让自己具备成为一名培训师的能力、看到跨界培训师的机遇和潜力、掌握培训师的工作流程。

1.3.1 让自己具备一名培训师的能力

跨界培训师是从其他行业跨界而来的培训人才，与职业培训师相比，跨界培训师的能力尚存在不足之处，尤其是培训技巧方面的专业技术和能力。所以，跨界培训师的跨界行动指南的第一步是让自己具备成为一名培训师的能力。

（1）跨界培训师能力标准体系

知名社会心理学家戴维·麦克利兰（David C. McClelland）将担任某一特定的任务角色，所需要具备的知识、态度和技能要素的总和称之为"胜任力模型"，也称"素质模型"。担任培训师的角色同样要具备培训师需要的知识、态度和技能，除此之外培训经验也十分重要。基于对培训师相关能力的要求，我们构建了一个完善的跨界培训师能力标准体系，如图1-10所示。

跨界培训师能力标准体系		
一级指标	二级指标	三级指标
基本知识	跨界培训师的基本知识素养	专业文化知识
		培训理论素养
		跨界理论
基本态度	跨界培训师的态度素养	职业道德素养
		教育法规素养
		跨界培训动机
		跨界培训的态度
		技能培训观念
培训指导能力	跨界培训师的教师素养	培训的学习规律认识把握能力
		把握培训发展的能力
		了解学员的心理能力
	培训技术与方法运用能力	培训课程需要分析能力
		培训方案设计能力
		培训实施能力
		技能整合能力
		现场管理能力
	现代教育技术运用能力	计算机网络技术素养
		现代化培训技术应用能力
		培训服务能力
	培训指导能力	培训效果评价能力
		培训指导方法运用
		培训教研与反思能力
		学员职业生涯指导能力
		学员心理指导能力
培训经验	跨界培训师的相关工作经验	培训教学经验
		行业或职业工作经验

图 1-10　跨界培训师能力标准体系

作为一名跨界人才，首先必须清楚自己所跨的领域需要具备的基本知识。跨界培训师需要掌握的基本知识包括专业文化知识、培训理论素养、跨界理论等。这些基本知识是基础且容易掌握的，跨界培训师可以通过专业书籍或线上学习、掌握。

其次，跨界培训师要了解成为培训师的基本态度，提升自己的态度素养，如职业道德素养、教育法规素养、跨界培训的态度等。这些也可以通过专业书籍或网站进行学习、了解，但关键在于跨界培训师内心对这份职业的认知和理解。

再次，跨界培训师应掌握培训师的专业能力——培训指导能力，包括跨界培训师的教师素养、培训技术与方法运用能力、现代教育技术运用能力、培训指导能力等。这些能力是跨界人才能否成为一名优秀的跨界培训师的核心指标，因此是跨界培训师必须掌握的核心技能。本书在后面的章节中会针对跨界培训师如何掌握这些能力展开深度论述。此外，一些专业、资深的培训师也会在线上或线下开设专业、系统的培训课程，跨界培训师可以根据自己的情况选择合适的方式提升自己的专业能力。

最后，培训经验也是一名跨界培训师不可或缺的能力。积累培训经验有两种形式：一是从其他跨界培训师或职业培训师身上学习经验，积累经验；二是通过自己实践，不断地摸索、累积培训经验。

（2）跨界培训师能力舱

根据跨界培训师的工作过程和实际培训情况，还可以按照培训前、培训中与培训后的 3 个不同阶段构建跨界培训师能力舱，具体内容如图 1-11 所示。

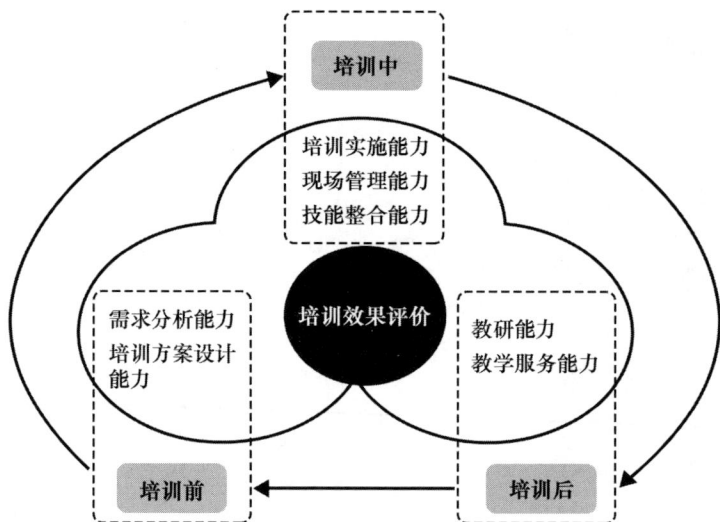

图 1-11　跨界培训师能力舱

跨界培训师能力舱侧重的是培训过程中需要具备的一些能力。跨界培训师要想提升这些能力需要进行专业的学习，例如本书后面章节中就介绍了培训前、培训中、培训后需要的不同的能力，以及提升这些能力的方法和策略，跨界培训师可以通过学习这些内容提升自己的培训能力。此外，能力提升更加依赖于实践，所以跨界培训师在掌握相关的知识和技巧后还应不断地实践，在实践中强化自己的培训能力。

掌握跨界培训师的核心能力只是第一步，优秀的跨界培训师更要懂得在培训中灵活运用自己的各种能力，更大限度地发挥自己的能力，为学习者创造更多价值。

1.3.2　看到跨界培训师的机遇和潜力

在人人都可以成为"跨界人才"的时代，相对来说跨界培训师是机遇更多、潜力更强的"跨界人才"。

在 1.1 节中我们提到全媒体时代重构了人们的学习世界，改变了人们的学习方式，从"翻转课堂"到"翻转学习"、从"系统化学习"到"碎片化学习"、从"线下学习"到"线上学习"都验证了这一点。这些改变让全媒体时代的人们可以更加自由、灵活地学习，因此越来越多的人成了学习者。与之对应的是市场对培训师的需求呈现出供不应求的局面。

北京某职业教育培训公司中刚入职的应届毕业生杜某表示，2021 年她从某知名大学取得硕士研究生学位，在面试了互联网、房地产等多个行业的职位后，最终选择了进入教育培训公司。关于做出该选择的原因，她解释道："近些年来，随着学前教育、研究生考试、公务员考试等需求的迅猛增长，整个教育培训行业业务量随之激增，因此为就业者提供了数量更多、待遇更好的就业岗位。"

智联招聘、中国人民大学就业研究所的数据显示，2020 年第四季度，"大学生就业景气较好的十个行业"排行中教育培训行业超越互联网、房地产位列第二位。可见，教育培训行业成了就业市场"新宠"，"新宠"往往意味着更多的机遇和潜力。此外，相较于成为职业培训师，成为跨界培训师的成本和难度更低。

一是学习成本和时间成本更低。对于一些跨界培训师而言，培训师这份职业并不是本职，他们只需要将自己掌握的知识和技能分享给学习者即可，无须花费更多的时间深入学习其他知识和技能。但是对职业培训师而言，培训师是他们的本职工作，要想在这份工作上取得成就并不断发展，就需要投入更多的时间，不断地学习更多的知识和技能。相比较而言，跨界培训师的学习成本和时间成本更低。

二是难度更低。职业培训师必须经过系统的、全面的培训或者通过相关资格证书考试才能走上培训师的岗位，但是跨界培训师只需在某个领域拥有一定的知识和技能，并掌握一些培训相关的知识和技巧就可以走上培训师的岗位。相比较来说，成为跨界培训师的难度更低。

所以，无论是从全媒体时代的特征还是从跨界培训师的成本、难易程度的角度，都可以很清晰地看到跨界培训师的机遇和潜力，预示着未来跨界培训师将成为主流"跨界人才"。

1.3.3 掌握培训师的工作流程

清晰、明确的工作流程是顺利、高效地完成一项工作任务的前提，所以掌握培训师的工作流程是跨界行动指南中的重点工作。

为了实现培训目标，跨界培训师的主要工作流程如图 1-12 所示。

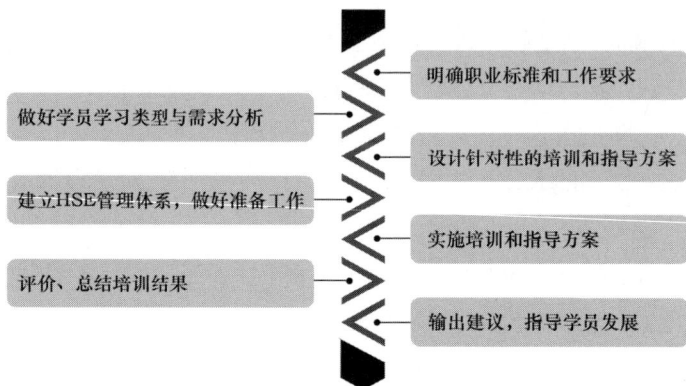

图 1-12 跨界培训师的工作流程

（1）明确职业标准和工作要求

进入某个行业并展开工作的第一步是明确行业的职业标准，以及工作岗位的具体要求。跨界培训师也是如此，在展开工作前应明确培训师的职业标准和工作要求。

例如，培训师应具备专业文化知识、严格恪守职业道德、正确的从业心态……

（2）做好学员学习类型与需求分析

培训的对象是学习者，只有满足学习者学习的类型和需求，他们才愿意学习培训师的课程，所以培训师工作流程的第二步是做好学习者学习类型与需求分析。具体的分析工作应根据学习者的类型和培训师的培训领域搜集数据并展开深入研究、分析。

例如，可以在一些专业网站或专业数据库搜集相关数据和资料。

（3）设计针对性的培训和指导方案

高效的培训一定是"对症下药"，即符合学习者学习类型和需求，所以做好学习者学习类型与需求分析后应设计针对性的培训和指导方案。

例如，学习者大多数是职场人士，那么就可以采取线上或录制课程的方式展开培训。

（4）建立 HSE 管理体系，做好准备工作

HSE 管理体系指的是健康（Health）、安全（Safety）和环境 (Environment）三位

一体的管理体系。这个管理体系的核心是责任，即要为学习者营造一个有保障的学习环境，尤其是线下培训。接下来就是做好培训前的准备工作，为培训工作做好铺垫。

例如，准备培训课件、相关教学工具等。

（5）实施培训和指导方案

培训工作开始后，便可以实施之前设计的培训和指导方案。这个环节最理想的情况是按照培训和指导方案顺利地推进。但实际的培训过程中难免会遇到一些问题，这就要求培训师能够灵活调动相关能力，及时解决问题，促进培训工作按照原方案顺利地推进。

（6）评价、总结培训结果

没有一个培训师能确保任何一场培训效果都是完美的，能够做到的是确保下一场比上一场的培训效果更好。培训师要做到这一点就要学会对培训结果进行评价、总结，从中发现问题，总结规律，以更好地指导下一场培训工作。

（7）输出建议，指导学员发展

培训的效果很大程度上取决于学习者能否从培训课程中获得自己想学习的知识，帮助自己成长和发展，为此，培训师在培训课程结束后还应输出建设性的建议，指导学习者发展。

培训师的工作流程是跨界培训师的跨界行动指南中的关键内容，因为这是跨界培训师从一个身份跨界到另一个身份、从一个职业跨界到另一个职业、从线上跨界到线下的方向标。只有当跨界培训师的方向明确了，接下来的跨界之路才能走得更远、更顺畅。

第 2 章
优势定位：
迈出跨界培训的第一步

　　迈出跨界培训的第一步是优势定位，越清晰的优势定位，越能帮助跨界培训师在跨界培训领域找准自己的位置，发挥自己的价值，顺利地走上跨界培训之路。

2.1　重新认识培训中的教与学

教与学是培训工作的核心。大多数跨界培训师对教与学的认识可能不够深刻，认为教与学就是简单的培训师讲课，学习者听课。真正意义上的培训是能够深刻认识教与学的关系，全面了解学习者学习的过程和特点，然后在此基础上开展培训工作，不断提高培训的效果。

所以，跨界培训师迈出跨界的第一步是重新认识培训中的教与学，厘清"教"与"学"的关系并学习四大经典学习理论——行为主义学习理论、认知主义学习理论、建构主义学习理论以及人本主义学习理论。

2.1.1　所有的教都是基于学

跨界培训是指在培训目标的指引下，以培训结果和成果为导向，由跨界培训师的"教"和学习者的"学"共同组成的一种教育活动，是教和学的统一。"教"与"学"统一的前提是，厘清"教"与"学"之间的关系——所有的教都是基于学。所以，跨界培训师在思考如何教之前，首先要研究学习者是如何学的。

基于学实施教主要表现在以下三点，如图 2-1 所示。

图 2-1　基于学实施教的主要表现

（1）以知识为中心的培训

以知识为中心的培训是指以某一学科或某一主题为中心，展开与中心主题相关联知识的培训。

例如，以战略发展为中心的培训活动中，同时展开与之相关联的人力资源管理、市场营销管理、财务管理、生产经营管理等相关知识的培训。

（2）以技能标准为中心的培训

以技能标准为中心的培训主要包括操作技能培训、心智技能培训、综合素质和创业、就业能力（统称跨岗位能力）培训等，是以国家职业技能鉴定评价标准、行业规范、岗位素质达标要求作为中心内容而开展的系列技能培训。

例如，一级土建工程师培训、钢琴考级培训等都属于以技能标准为中心的培训。

（3）以需求为中心的培训

以需求为中心的培训是指以客户或学习者的培训需求为中心，结合客户和学习者培训前掌握的知识、技能和行为特征的测评结果，设计针对性的培训课程，展开针对性的培训。

例如，针对刚入职的销售员开展的销售基础知识和技能培训，或针对新员工展开职业生涯规划培训等都属于以需求为中心的培训。

无论是以知识为中心，还是以技能标准为中心，又或是以需求为中心开展培训活动，其核心都是学习，是围绕学习的本质、特点等设计并展开的。所以，教学模式以及培训方法的选择都是基于跨界培训师对学习的理解和认识。只有深刻理解学习者学习的过程和特点，跨界培训师才能通过合适的教学模式和方法使学习者在自己的指导和引导下有计划、有步骤地学习，从而掌握岗位知识和技能，发展智力、体力、能力。这样才能促进"教"与"学"统一，提升培训效果。

2.1.2 行为主义学习理论

行为主义学习理论是指运用行为主义的理论和方法研究学习的一种心理学流派。行为主义学习理论的代表人物有知名心理学家爱德华·李·桑代克（E. L. Thorndike）、约翰·华生（John B.Watson）、伯尔赫斯·弗雷德里克·斯金纳（Burrhus Frederic Skinner），他们分别提出了"学习联结说""学习的刺激—反应学习说""操作性条件反射说"等行为主义学习理论，具体内容如图 2-2 所示。

行为主义学习理论的代表人物	提出的相关理论	具体内容
桑代克	学习联结说	学习的基本方式就是尝试与错误式的学习，所以，学习联结说又称尝试与错误说
华生	学习的刺激—反应学习说	学习的基本因素是刺激和反应，基本公式为S—R（刺激→反应）。有怎样的刺激就有怎样的反应
伯尔赫斯·弗雷德里克·斯金纳	操作性条件反射说	学习是一种由刺激引起的行为改变
		操作条件反射与自愿行为有关

图 2-2 行为主义学的相关理论

从图 2-2 的内容中可以看出**行为主义学习理论的核心是"刺激与反应"**。行为主义学习理论将学习的实质看作是学习者对环境做出的反应，将环境看成是刺激，将伴随而来的有机体行为看作是反应，认为所有行为都是学习的结果。这个过程其实就是刺激与反应之间的联结。

受行为主义学习理论的影响，培训教育被认为是创设情境来引发学习者的反应，让刺激与反应之间的联结不断得到重复，并为学习者的各种反应提供适当的强化，促使培训师期望的反应得到加强。这种学习理论用于实际的培训教学中表现为以下三点。

一是培训师成了奖励和惩罚的实施者，学习者则是奖励和惩罚的接受者，教育的主要方法就是练习和训练。

二是课堂教学的主要任务就是使学习者形成种种正确的行为反应，并使这些行为反应受各种刺激的控制。

三是培训师的任务是掌握塑造和矫正学习者行为的方法，为学习者创设一种适当的环境，尽可能在最大程度上强化学习者的合适行为，消除不合适行为，即通过环境的控制提高某些行为发生的可能性或概率。

虽然行为主义学习理论能够通过"刺激—反应"强化学习者的正确行为，但是该理论也存在一定的弊端。行为主义学习理论所依据的行为心理学原理，从根本上忽视了学习者的理解及心理过程，刻板、缺乏灵活性的教学，不利于提高学习者独立思考和独立解决问题的能力。

此外，由于该理论的历史局限性，加之一些跨界培训师对该理论认识的偏差，导致跨界培训师在教学实践中，容易出现过度重视解决学习者对知识的掌握、成绩的提高，却忽视了其给学习者发展带来的负面影响。这些负面影响主要表现为重知识灌输，轻知识建构、过度强化，忽视强化的消极作用、教学目标单一、教学方式机械。

所以在实际的培训工作中，跨界培训师不能完全套用行为主义学习理论教学，要学会灵活地运用行为主义学习理论强化学习者的正确行为，注意并规避行为主义学习理论可能会造成的负面影响。

2.1.3　认知主义学习理论

认知主义学习理论与行为主义学习理论是相对的。认知主义学习理论认为学习就是面对当前的问题情境，在内心经过积极的组织，从而形成和发展认知结构的过程，强调刺激反应之间的联系是以意识为中介和认知过程的重要性。

认知主义学习理论的代表人物有知名认知心理学家杰罗姆·布鲁纳（Jerome Seymour Bruner）、教育心理学家罗伯特·米尔斯·加涅（Robert Mills Gagne）、心理学家让·皮亚杰（Jean Piaget），他们分别提出了"认知发现说""认知结构理论""信息加工学习论"等认知主义学习理论，具体内容如图 2-3 所示。

认知主义学习理论的代表人物	提出的相关理论	具体内容
杰罗姆·布鲁纳	认知发现说	学习是主动地形成认知结构的过程
		强调对学科的基本结构的学习
		通过主动发现形成认知结构
罗伯特·米尔斯·加涅	认知结构理论	认知结构就是学习者头脑里的知识结构，它是学习者全部观念或某一知识领域内的观念
		学习由一系列过程组成，要重视研究学生的学习行为，教学应注意学习各门学科的基本结构
让·皮亚杰	信息加工学习论	学习是学习者神经系统中发生的各种过程的复合

图 2-3　认知主义学的相关理论

认知主义理论的核心在于学习者的认知，认为学习是一个认知过程，是学习者主动地形成认知结构的过程。认知主义学习理论的贡献主要表现在以下 4 点。

一是重视学习者在培训活动中的主体价值，充分肯定了学习者的自觉能动性。

二是强调学习者的主观认知、独立思考等能力在培训中的重要作用。

三是重视学习者在培训活动中的准备状态，即学习者的学习效果不仅取决于环境的刺激和个体的主观努力，还取决于个体已有的知识水平、认知结构以及非认知因素。

四是重视强化的功能。认知主义学习理论将人的学习视为一个积极主动的过程，因此十分重视内在动机与学习活动本身带来的内在强化的作用。

在实际的培训活动中，认知主义学习理论的主要应用是培训师通过教学将信息转化为学习者的长时记忆，设计促进和激发学习者内在动机的外部教学活动。教学活动通常可以分为九个阶段，如图 2-4 所示。

这种根据认知主义学习理论设计的系统化的教学活动，能够进一步强调学习者学习的主动性，强调已有认知结构、学习内容的结构以及学习者独立思考等的重要作用。这对培育新时代的人才有着积极的意义。

对于跨界培训师而言，掌握认知主义学习理论将更有助于他们设计出系统化且能够激发学习者学习主动性的培训课程，培养学习者的独立思考能力，提升培训效果。所以，认知主义学习理论是跨界培训师应认真学习和掌握的知识。

根据认知主义学习理论设计的教学活动	
第一个阶段	引起注意——改变体态、语调、音量，形成刺激
第二个阶段	告知目标——激起期望
第三个阶段	刺激回忆——明确同化新知识的经验范围
第四个阶段	呈现材料——注意考虑年龄、基础、学习类型等因素，安排顺序和份量
第五个阶段	提供指导——注意掌握指导的程度
第六个阶段	引导行为——促使学习者主动参与，积极地做出反应
第七个阶段	及时强化——给学习者及时反馈
第八个阶段	检查评价——独立测试、单元测试等方法
第九个阶段	促进迁移——系统复习、及时布置新任务

图 2-4　认知主义学习理论下教学活动的九个阶段

2.1.4　建构主义学习理论

建构主义主张世界是客观存在的，但是对事物的理解是由每个人自己决定的。建构主义学习理论认为，学习是学习者在原有知识、经验的基础上，在一定的学习环境中，主动对新信息进行加工处理，建构知识的过程。建构主义学习理论有以下几个基本观点，如图 2-5 所示。

建构主义学习理论的基本观点	
1	学习者不是被动地接受外来信息，而是主动地选择信息并加工
2	学习者不是从同一背景出发，而是从不同背景、不同角度出发
3	学习者不是由培训师统一引导，完成同样的加工活动，而是在培训师和他人的协助下，通过独特的信息加工活动，建构起对现实世界的意义
4	知识只是一种解释、一种假设，它并不是问题的最终答案，它会随着人类的进步而不断地被"革命"掉，并随之出现新的假设
5	知识并不能精确地概括世界的法则，在具体问题中需要针对具体情境进行再创造
6	知识结构并不是线性结构或层次结构，是围绕关键概念而建构起来的网络结构的知识，既包括结构性知识，也包括非结构性知识

图 2-5　建构主义学习理论的基本观点

建构主义学习理论在实际培训中的应用表现在以下四点。

（1）以学习者为中心进行教学

学习者是信息加工的主体，是知识的主动建构者，而不是外界刺激的被动接受者和被灌输的对象。培训师是学习者知识建构的帮助者、促进者，而不是知识的传授者与灌输者。因此，培训师应善于引发学习者树立正确的学习观，高度重视对学习者存在的错误的诊断与纠正，充分注意每位学习者在认识上的特殊性，努力培养学习者的自觉意识和认知能力。此外，培训师还是解决问题教练和策略的分析者，因此应十分注意对于自身科学观和教学观的自觉反省和必要更新。

（2）在实际情境中进行教学

培训师应开发围绕现实问题的培训活动，注重培养学习者解决现实问题的能力。为此，培训师应尽量创设能够表征知识的结构，与学习有关的真实世界的情境，尽可能将学习者嵌入到和现实相关的情境中，作为学习整体的一部分。这样更有利于促进学习者积极主动地建构关于全面、现实的知识框架。

（3）注重协作学习

建构主义学习理论认为，学习者以自己的方式建构对于事物的理解，因此不同人看到的是事物的不同方面，不存在唯一的理解标准。但是，培训师可以通过与学习者的合作而使学习者对某一事物的理解更加丰富和全面。因此，建构主义学习理论指导下的教学组织形式有小组学习、协作学习等，主要在集体授课形式下的教室进行，提倡在教室中创建"学习社区"。

（4）注重提供充分的资源

建构主义学习理论强调要设计良好的教学环境，为学习者自主建构知识提供各种条件。此外，构建主义学习理论还强调整个教学过程要以学习者为中心，培训师在培训活动中担任组织者、指导者、帮助者和促进者的作用。培训师应利用情景、协作、会话等学习环境要素，充分发展学习者的主动性、积极性和首创精神，最终达到使学习者有效地实现当前所学习知识建构的目的。

在这样的建构主义的模式下，典型的教学设计模式有"情景教学""随机访问教学""支架式教学"。

情景教学是指创设有真实事件或真实问题的情景，学习者在探索事件或解决问题的过程中自主地理解知识、建构意义。情景教学的组成环节为创设情景—确立问题—自主学习—协作学习—效果评价。

随机访问教学是指学习者可以随意通过不同渠道、不同方式进入同样教学内容的学习，从而获得多方面的认识和理解。随机访问教学的主要环节为呈现基本情景—随机进入学习—思维发展训练—小组协作学习—学习效果评价。

支架式教学是指为学习者建构对知识的理解提供一套概念框架。支架式教学的基本环节为架脚手架—进入情景—独立探索—协作学习—效果评价。

建构主义学习理论的核心是学习者，老师的主要任务是通过一系列的引导帮助学习者构建完善、现实的知识体系，提升教学效果。

2.1.5　人本主义学习理论

人本主义学习理论是建立在人本主义心理学的基础之上的。人本主义心理学家认为，人的成长源于个体自我实现的需要，自我实现的需要是人格形成、发展的驱动力。由于人都有自我实现的需要，才使得有机体的潜能得以实现、保持和增强。人格形成就是源于人性的这种自我的驱动力，人格发展的关键就在于形成和发展正确的自我概念。

在人本主义心理学的基础上，人本主义学习理论诞生了。人本主义学习理论有以下几个基本观点，如图 2-6 所示。

人本主义学习理论的基本观点	
1	有用的学习是学习过程的学习，即让学习者知道"学习是如何学习"
2	学习的重点是"形成"，学习的内容则是次要的
3	有效的教学标志，不是学习者掌握了"需要知道的东西"，而是学会了怎样掌握"需要知道的东西"
4	学习的目标应该是以学习者为中心，以促进学习者个性的发展和潜能的发挥为目标，使他们能够愉快地、创造性地学习和工作
5	教学的基本目的就是帮助每个学习者发展一种积极的自我概念，不仅要让学习者知道"我做什么"，而且要让学习者知道"我是谁"

图 2-6　人本主义学习理论的基本观点

关于人本主义学习理论，知名人本主义心理学家卡尔·罗杰斯（Carl Ransom Rogers）提出了"有意义的自由学习观"。罗杰斯认为，学生学习主要有认知学习和经验学习两种类型，其学习方式也主要有无意义学习和有意义学习两种类型。

无意义学习是指学习没有个人意义的内容，不涉及情感或个人意义，仅仅涉及经验积累与知识增长，与完整的人(具有情感和理智的人)无关。有意义学习是指涉及学习者的情感和个人意义，重视学习者的整个学习过程，能够使学习者的行为、态度、个性等发生重大变化，使学习者全身心地投入其中的学习。

"有意义的自由学习观"有以下四个特点，如图2-7所示。

	"有意义的自由学习观"的四个特点
1	全神贯注，学习者整个人包括情感与认知都投入到学习活动
2	自动自发，学习是自我发起的，即使推动力或刺激来自外界，但是要求发现、获得、掌握和领会的感觉是来自内部
3	全面发展，学习是渗透性的，它会使学习者的行为、态度及个性都发生变化
4	自我评估，学习是由学习者自我评价的，因为学习者清楚这种学习是否满足自己的需要，是否有助于达到其学习目标

图 2-7 "有意义的自由学习观"的特点

人本主义学习理论在跨界培训中的应用表现在以下五点：

一是强调以学习者为中心，突出学习者在教学过程中的中心地位，注重让学习者在自我指导下主动学习、自由学习。这样就能在最大程度上促使学习者从事有意义学习，使学习者在学习中感到自信，学习者的独立性、创造性和自主性就会得到发展。例如，在培训的过程中为学习者提供相关学习资源，让学习者自己决定如何学习。

二是让学习者观察到学习内容与自我的关系。人只会有意识地学习他认为与保持或增强"自我"有关的事情，而这种相关性将直接影响到培训教学的速度和效果。例如，"这部分内容是考试的重点，可能会直接影响你们是否能通过这次××资格考试。"

三是让学习者身处一个和谐、融洽、被人关爱和理解的学习氛围中。例如，以温和的语气跟学习者沟通，像朋友一样关心学习者的学习进度以及学习中遇到的问题。

四是强调要注重从做中学。大多数有意义学习是从做中学的，让学习者直接体验现实问题，在切身体验中学会解决问题是促进学习的最有效方式之一。例如，"如果你是团队领导，遇到这样的问题你会怎么处理？"

五是人本主义提倡的课堂教学模式遵循的原则是——尊重学习者，将学习者作为学习活动的主体；重视学习者的意愿、情感与需要；相信学习者能自己教育自己，发展自己的潜能，达到自我实现。例如，在学习者提出不同意见的时候要尊重对方的意见，不能因为意见不同而立即反驳对方。正确的做法应先肯定对方，然后再委婉表达出自己的不同意见，而且意见要充分。

人本主义学习理论相比其他学习理论来说，更加重视学习者的心理需求，旨在帮助学习者做到有意义学习，从而实现自我价值。对于新时代的学习者来说，他们需要的正是这种能够实现自我价值的学习方式。所以，人本主义学习理论是跨界培训师应重点学习和掌握的学习理论。

实际上，无论哪一种学习理论，它都不是完善的，或者说不是万能的。跨界培训师需要做的是学习、掌握以上四种学习理论，并辩证看待这四种学习理论，然后在培训工作中灵活运用这些学习理论，实现"教"与"学"统一，促进教学效果最大化。

2.2　优势定位：跨界培训的第一课讲什么

无论是职业培训师还是通过其他方式跨界而来的培训师，在竞争日趋激烈的培训师市场上都会面临一定的竞争压力，尤其是跨界培训师，面临的压力将会更大。在这样巨大的压力下，跨界培训师要想在培训师市场上占有一席之地就必须具备一定的竞争力，并在跨界培训的第一课上将这些优势展示给学习者。

所以在开始培训工作之前，跨界培训师要先根据自己的实际情况对自己进行优势定位，即发现自己身上的亮点和价值点，打造自身的核心竞争力。

2.2.1　我是职业培训师

职业培训师是指通过教授专业知识而获得报酬的人，以讲授培训课程为职业谋生。职业培训师跨界通常是指从线下培训跨界为线上培训。职业培训师因本职就是培训师，所以本身的优势比较明显，可以轻松实现跨界，如图 2-8 所示。

图 2-8　职业培训师的优势定位

（1）专业的资质

相比通过其他方式跨界而来的培训师而言，职业培训师具有更加专业、权威的资质。

在培训师市场中最常见的是企业培训师，企业培训师通常分为三个等级——助理企业培训师、企业培训师以及高级培训师。不同等级对培训师的要求不同。

例如，具有大学本科学历或同等学历，一年实习期满，经本职业本等级正规培训达标准学时数，并取得毕（结）业证书可以成为助理培训师；取得硕士学位，从事职业培训工作满两年，经本职业本等级正规培训达标准学时数，并取得毕（结）业证书可以成为企业培训师；取得博士学位后，从事职业培训工作满三年可以成为高级培训师。

以上列举的是其中的一个条件，满足其他条件也可以取得相关证书，但前提是必须取得毕（结）业证书。毕（结）业证书就是他们的专业资质，既是个人进入职业培训师领域的敲门砖，也是职业培训师的优势所在。

例如，职业培训师可以在跨界培训的第一课上介绍自己："2015 年我在某某大学取得了博士学位，之后在某知名企业担任人力资源总监，从事人力资源培训工作已经 4 年，现在是一名高级培训师。"

（2）丰富的实战经验

做过多少场培训、拥有多少学习者、取得过什么样的成绩等这些实战经验也是职业培训师的优势所在。

例如，"四年以来我培训过近 100 家公司，获得了'金牌培训师'的荣誉称号。"

丰富的实战经验一方面能够证实职业培训师的能力，另一方面也能够在一定程度上保障培训效果。这两点是学习者非常关心的问题，也是影响他们选择培训师的关键因素。所以，职业培训师在开始培训之前，要回顾、总结一下自己职业生涯中取得的一些成绩，然后在跨界培训的第一课上将这些成绩展示给学习者。

职业培训师的核心优势在于"职业"二字，在跨界培训第一课上，职业培训师的重点工作就是让学习者知道你为什么可以称为"职业培训师"，而专业的资质和丰富的实战经验可以证明这一点，也可以成为职业培训师的核心优势。

2.2.2　我是职场达人

"职场达人"是指在职场中具有优秀个人职业技能的从业者，是职场中的精英人才。相较于普通职场人士而言，职场达人拥有决定自己的职场身价和职业生涯的能力，因此在职场中如鱼得水，深受领导的器重和同事的爱戴。由此可见，职场达人是一个拥有很强的工作能力的人，那么如何在跨界培训的第一课上让学习者看到你的能力呢？如图 2-9 所示。

图 2-9　职场达人的优势定位

（1）可观的工作成绩

能够获得"职场达人"这个荣誉称号的人才，通常在工作中都会取得可观的成绩。这些可观的成绩不仅能够向学习者证实自己的职场达人身份，还可以让学习者直观地看到自己的优势。

例如，"我是销售行业的一名职场达人，入职三个月就成了'销售冠军'，半年内帮助团队实现了业绩倍增，还帮助团队开拓了两个新的市场。"

职场达人可以回顾、总结一下自己在职业生涯中所获得的成就、取得的成绩，这些都是职场达人的核心竞争优势，是实现成功跨界背后的关键力量。

（2）高效的工作技巧

职场达人都是生产力极强的人才，这种极强的生产力背后是高效的工作技巧。所以，高效的工作技巧也是职场达人的核心竞争优势。因此在跨界培训的第一课上，职场达人可以简单地分享自己掌握的一些高效的工作技巧，并强调这些工作技巧为自己的工作创造的价值。

例如，"在从业的三年时间里，我掌握了自我管理能力、优先事项管理能力、时间和精力管理能力、沟通能力以及心态和情绪管理能力，这些能力让我在面对工作的时候更加游刃有余。我不仅可以高效地完成自己的工作任务，还能够协助团队其他成员完成工作任务。"

这些高效的工作技巧是职场达人的核心能力和优势，更是学习者想从职场达人身上学习的知识和技能。所以，职场达人在培训活动开始之前要认真审视自己的工作，归纳、总结出自己在工作中掌握的一些高效的工作技巧及这些技巧对自己工作的帮助，然后在跨界培训的第一课上简单地分享给学习者。

如果你只是简单地介绍"我是一名职场达人"，学习者很可能不相信，但是如果你能介绍自己在工作中取得的一些成绩并分享自己掌握的一些高效的工作技巧，学习者对你的信任感就会增强，接下来的培训工作才有望顺利地开展。

2.2.3　我是企业负责人

企业负责人通常是企业的法定代表，如果企业的事务处理不过来也可以指定多个负责人，不同的负责人负责不同的事务，并承担相应的责任。例如，董事长、总经理、项目负责人、生产负责人、总工程师等。企业负责人是企业中的高层管理人才，处于这个位置的人才通常具有较强的企业管理和运营能力，这些便是企业负责人在培训师市场中的核心优势。

在跨界培训的第一课上，企业负责人可以从以下几个方向切入向学习者展示自己的核心优势，如图 2-10 所示。

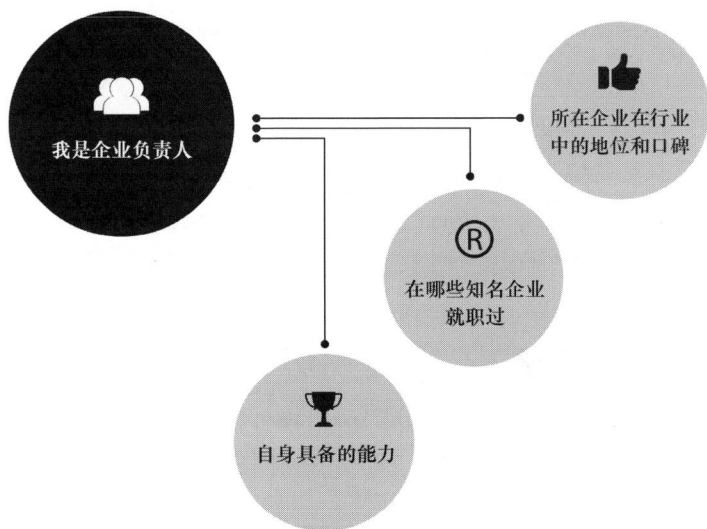

图 2-10　企业负责人的优势定位

（1）所在企业在行业中的地位和口碑

既然是企业负责人，那么首先就应当介绍所在企业在行业中的地位和口碑，这是学习者关注的信息，也是企业负责人的优势。

例如，"我就职于世界 500 强的某某企业，在该企业担任总经理职位。"

（2）在哪些知名企业就职过

企业负责人可能只在一家知名企业就职过，也可能在好几家知名企业就职过。在不同的知名企业都就职过，也从侧面证明了企业负责人的能力。所以，企业负责人在跨界培训的第一课上也可以将自己就职过的知名企业列举出来。

一般列举 2~3 个即可，因为如果短时间内不停地换工作会让学习者对企业负责人的职业素养和工作态度产生怀疑，不利于展开培训工作。

此外，学习者一般会对企业负责人的成长故事比较感兴趣，如果是因为能力突出被猎头发现，然后经过深思熟虑跳槽到一家综合实力更强的企业，也可以和学习者分享一下这个故事。这样能进一步增强学习者对企业负责人的信任，进而更加利于展开培训工作。

（3）自身具备的能力

所在企业的行业地位和口碑，以及就职过的知名企业能够从侧面证实企业负责人的能力和优势，但是自身具备的能力才是企业负责人的核心竞争力。所以在跨界培训的第一课上，企业负责人不能只表达一些与企业相关的事情，还要展示自身的能力，否则容易让学习者误以为只会借用企业的光环，自身没有什么实力。

例如，"我毕业于某知名大学的工商管理专业，取得了研究生的学位，有10年的500强企业的经营管理经验。在职期间，曾实现了企业营收翻倍的成绩。目前，我还在不断地探索、研究企业经营管理的方法和策略，旨在帮助企业高层管理人员做好企业运营，实现自我价值。"

企业负责人这个身份拆开看就是"企业"和"负责人"，所以企业负责人在进行优势定位时可以围绕这两个要点展开，既突出企业的行业地位和口碑，也突出自己的能力。

2.2.4　我是企业管理人员

企业管理人员是指管理行为过程的主体，拥有相应的权力和责任，具有一定管理能力，从事现实管理活动的人，通常是指企业中基层的管理人员，例如部门主管、项目团队管理者等。

企业管理人员的能力主要体现为科学决策能力、贯彻执行能力、组织管理能力、综合协调能力、选材用人能力、处事应变能力等。如何在跨界培训的第一课上讲这些能力优势展示给学习者呢？如图 2-11 所示。

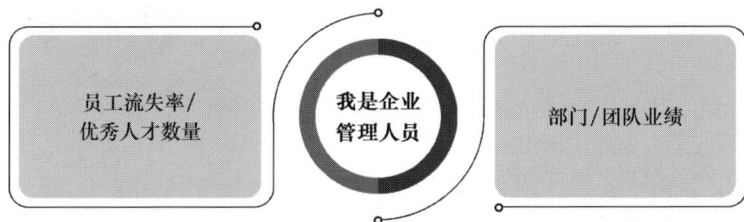

图 2-11　企业管理人员的优势定位

（1）员工流失率/优秀人才数量

企业管理人员的核心优势是管理能力，即对人才的选拔、任用、培养等。所以，员工流失率的高低以及团队培养的优秀人才的多少也是衡量一个企业管理人员能力和优势的标准。因此，企业管理人员应认真核算一下自己在职期间，人才流失率的高低以及所培养的优秀人才的数量。

例如，"我带领的团队，在我任职期间人才流失率为 2%，在我们行业是一个相对较低的水平。"

（2）部门/团队的业绩

部门/团队取得的业绩是企业管理人员能力与优势的最好证明。因此，企业管理人员首先可以向学习者介绍一下自己所在团队取得的一些业绩。

例如，"我们团队在短短半年的时间内实现了业绩翻倍，为企业发展贡献了 2 000万元的营业额，占企业总营业额的 40%……"

介绍部门/团队业绩的时候，最好用具体的数据，这样更有冲击力，也更能让学习者信服。

此外，与企业负责人相同，团队管理者也可能不止管理过一个团队，那么也可以分享一下管理过的其他团队所创造的优秀业绩，分享 2~3 个团队为宜。

企业管理人员的核心能力在于"管理"，所以在进行优势定位的时候，企业管理人员应围绕"管理"二字展开，要让学习者看到你在管理岗位取得的成绩和成就。

2.2.5　我是自媒体运营人员

全媒体时代可以说是一个人人都是自媒体的时代。这个时代似乎不缺自媒体运营人员，但一定缺具有一定优势的自媒体运营人员。所以在跨界培训的第一课上，自媒体运营人员要凸显自己的优势，吸引学习者的关注。自媒体运营人员的优势定位如图 2-12所示。

（1）粉丝体量

从事自媒体领域的人最关注的一个因素是"流量"，有了"流量"一方面意味着你创作的内容很好，能够得到用户的认可，一

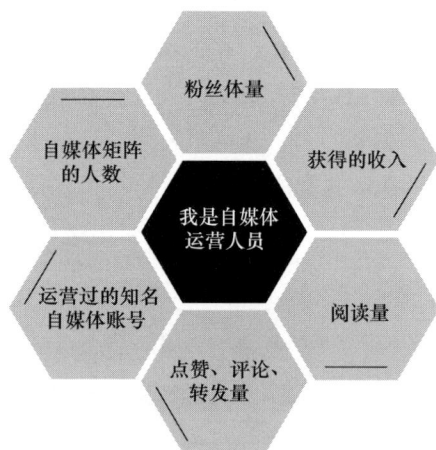

图 2-12　自媒体运营人员的优势定位

方面意味着可以获得不错的收入。

例如，"我在某短视频平台上拥有 200 万粉丝，在某图文平台上拥有 300 万粉丝，在某……全网拥有 2 000 万粉丝。"

虽然只是简单地介绍自己在各大平台的粉丝数据，学习者却会因此按捺不住想问你"究竟如何才能获得这么多粉丝""如何运营账号""如何做好粉丝管理"等问题。这意味着他们迫不及待想听你的课程，也意味着你可以顺利地开展自己的培训活动。

（2）获得的收入

人的本性是"趋利避害"，收入这种显而易见的"利"可以有效激发学习者的学习兴趣和热情。所以，除了粉丝体量外，通过自媒体获得的收入也是自媒体运营人员的优势所在。

一些自媒体平台的管理中心通常会有"总收益"这一工具栏，自媒体运营人员为了获得学习者的信任可以截取一些数据进行展示。

除此之外，内容阅读量，点赞、收藏、转发量，或者帮助过哪些知名自媒体账号做过运营，抑或是自己的自媒体矩阵下的人数以及这些人在你的带领下所取得的成绩，这些都是自媒体运营人员的优势。

在自媒体领域，人们关注的永远是数据，所以自媒体人士要进行优势定位，就要朝着数据的方向思考，将最好的数据拿出来，展示给学习者，让他们直观地看到你的实力。

2.2.6 我是某个领域的"专家"

某个领域的"专家"通常是指在该领域取得了一些成就的顶尖人才。一般来说，领域的"专家"可以从以下几个方面进行优势定位，如图 2-13 所示。

图 2-13 某个领域的"专家"的优势定位

（1）自身的能力

能力才是"专家"的核心优势，所以，领域"专家"进行优势定位时要重点关注自身的能力。自身的能力主要体现在以下几个方面。

一是取得的资质。在领域所取得的资质既能证明自己的"专家"身份，也能更直观地向学习者展示自己的实力。例如，"我从事某某领域研究多年，在此期间获得了某某资质证书"。此外，也可以展示自己获得的一些头衔，如"某某领域的先进人物""某某领域的领军人物"。

二是工作的经验。工作经验也是能力的一种体现，例如，"我在某某领域从业20年，一直致力研究该领域……"。

三是取得的一些成绩。在工作中取得的成绩是个人能力最好的证明，例如，"我带领我们的科研团队，研发了某某产品，获得了领域的某某奖项"。

总之，要将自己在领域内做出的成绩，取得的成就全部展示出来。

对于某个领域的"专家"来说，"专家"就是一个突出的优势。但是这个"专家"身份必须是真实的，是经得起验证的。所以，在跨界培训的第一课上"专家"要向学习者展示自己的资质，介绍自己在领域内取得的一些成绩以及自己在领域所处的地位，让学习者看到并认可你的"专家"身份。

（2）所处的领域优势

领域的"专家"所处的领域的未来发展趋势也可以视为一个优势。如果所处的领域在未来会有很多好的发展，领域人才紧缺，那么学习者对培训师所培训的内容也会更感兴趣。

例如，"我从事人工智能领域的工作，随着科技的不断发展，智能领域的人才将会出现大量的缺口。××调研机构的数据显示，近三年来人工智能领域的人才缺口已经达到××万。"

在介绍领域的时候，最好可以罗列一些数据或者领域内的一些典型事件，以让学习者真正地看到该领域未来的发展前景。

实际上，不管是职业培训师、职场达人、企业负责人还是其他职业跨界而来的培训师，只要认真观察自己，都可以发现自己身上的优势。但要注意的是，进行优势定位的时候一定要基于自身的实际情况，基于事实出发，不能为了吸引学习者而杜撰身份或故事。这是培训师行业的基本底线，一旦突破这条底线，无论你是何等优秀的人才都无法成为一名优秀的跨界培训师。

2.3 资源定位：跨界培训冷启动的学习者资源

与职业培训师相比，跨界培训师缺乏的从来不是能力，而是学习者资源。因为跨界培训师是从不同的身份、职业跨界而来的，他们虽然在本职工作中积累了一定的能力，但是他们无法通过本职工作积累学习者资源。然而现实情况是只有拥有一定的学习者资源，跨界培训师才能顺利地开展培训工作。所以，学习者资源问题成了摆在跨界培训师眼前的第一大难题，也是跨界培训冷启动的重点工作。

要解决学习者资源问题其实并不难，跨界培训师必须做好准确定位，锁定目标学习者资源。

常见的定位方式有两种：一是根据培训内容锁定学习者资源，二是根据职业背景锁定学习者资源。

2.3.1　根据培训内容锁定学习者资源

不同的培训内容服务的学习者不同，所以跨界培训师可以根据培训内容锁定学习者资源。根据培训内容锁定学习者资源的重点工作是分析培训内容的特征，然后通过这些特征匹配合适的学习者资源。

培训内容很好理解，就是跨界培训师打算向学习者分享、传授哪方面的知识和技能，围绕这些知识和技能设计的培训课程就是培训的内容。

我们以从销售冠军跨界为销售培训师为例，深入分析如何根据培训内容锁定学习者资源。

销售培训的内容主要是销售相关的知识和技巧。跨界培训师下一步要思考的问题是：什么样的人需要学习销售相关的知识和技巧？这个问题可以帮助跨界培训师初步锁定销售培训的学习者资源。

可以说，从事销售工作的人都需要学习销售方面的知识和技巧，例如，商场销售人员、门店销售人员、企业销售人员等。如果销售培训的内容涉及的是一些通用的销售知识和技巧，那么就可以将商场销售人员、门店销售人员、企业销售人员等锁定为学习者资源。但是如果销售培训内容具有一定的针对性，那么跨界培训师就要进一步深入分析培训内容，以更加精准地锁定学习者资源。

例如，销售培训的主要内容是"门店销售人员如何提升销售技巧"，主要培训对象是门店的销售人员。那么，门店的销售人员才是该培训师本次培训课程的目标学习者，培训师需要针对门店的销售人员制定课程推广策略以快速实现冷启动。

因此，跨界培训师根据培训内容锁定学习者资源的时候，可以按照以下两个步骤展开，如图 2-14 所示。

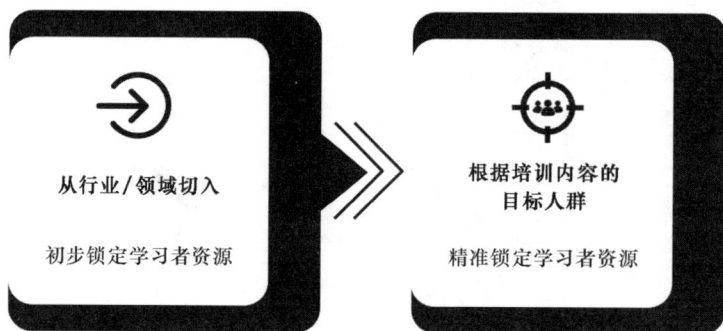

图 2-14　根据培训内容锁定学院资源

一是从行业／领域切入，初步锁定学习者资源。例如，从事销售的人员都要学习销售相关的知识、技巧，从事写作行业的人都需要学习写作相关的技巧和知识。

二是根据培训内容的目标人群精准锁定学习者资源。例如，销售培训师设计的培训内容主要针对门店销售人员，那么学习者资源就是需要提升销售技巧的门店销售人员；写作培训师设计的培训内容主要针对公务人员，那么学习者资源就是需要提高写作能力的公务人员。

跨界培训师可以按照以上两个步骤锁定学习者资源，其对培训内容的分析和研究越深入、细致，越能更加精准地锁定学习者资源，进而越能促进培训工作顺利地开展。

2.3.2　根据职业背景锁定学习者资源

跨界培训师因职业背景不同能够吸引的学习者也不同，因此跨界培训师还可以根据自己的职业背景锁定学习者资源。

职业背景通常是指跨界培训师工作的历史情况，包括学历、大学读的专业、毕业后从事的第一份工作、在公司担任的职位。例如，"在世界 500 强企业担任总经理职务""大学学习的专业是土木工程专业，毕业后成为一名家居建材行业的销售人员，并一路从销售人员晋升为销售主管"……这些都是职业背景。根据职业背景锁定学习者资源，就要求跨界培训师善于发现、总结自己的职业背景的特征，从而匹配合适的学习者资源，如图 2-15 所示。

心理学中有个"相似效应"，是指人们都喜欢跟自己相似的人。同样，学习者也喜欢跟自己经历相似的培训师，尤其是职业背景相似的培训师。

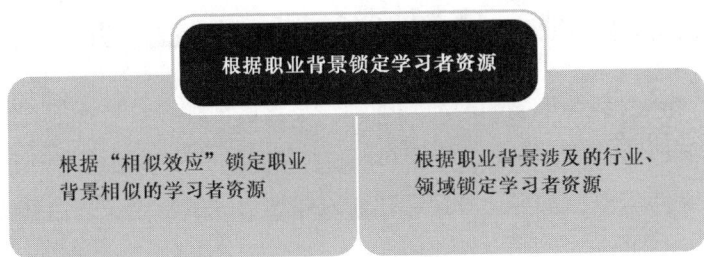

图 2-15　根据职业背景锁定学习者资源

首先，我们以全职妈妈跨界为育儿培训师为例，深入分析如何根据职业背景锁定学习者资源。

我们假定育儿培训师的职业背景如下：

姓名：庄娟

学历：本科

专业：市场营销

工作年限：3 年

在公司担任的最高职位：销售部门总监

现状：育儿培训师

庄娟结婚生子后，为了潜心育儿，辞去了销售部门总监的职位，加入了全职妈妈的队伍。在全职妈妈的岗位上，她提升了多方面的育儿能力，于是跨界成为一名育儿培训师。

像庄娟这种从职场到家庭的职业背景很容易吸引一些从职场转战到家庭的全职妈妈或全职爸爸，这些学习者就是庄娟要锁定的学习者资源。

除了可以根据心理学中"相似效应"锁定职业背景相似的学习者资源外，还可以根据职业背景涉及的行业、领域锁定学习者资源。

例如，某大学管理系的老师兼企业管理者跨界为企业管理培训师。他的职业背景涉及的行业、领域有学校、职场，涉及的人员有在校大学生、职场人士、企业管理者等，那么该跨界培训师就可以将这些人锁定为自己的学习者资源。

所以，根据职业背景锁定学习者资源既要求跨界培训师学会从"相似效应"中锁定职业背景相似的学习者资源，也要求跨界培训师要根据职业背景涉及的行业、领域锁定学习者资源。

2.4 形式定位：哪种培训形式更适合我

不同的培训形式适合不同的跨界培训师。跨界培训师只有选择适合自己的培训形式，才能更高效地向学习者分享、传授知识和技能，达到事半功倍的培训效果。所以，跨界培训师对学习者资源进行定位后，还应对培训形式进行定位，选择更适合自己的培训形式展开培训工作。

2.4.1 讲授形式：传统讲授、知识分享、互动引导

讲授形式是指跨界培训师通过什么样的形式向学习者分享、传授知识和技能。常见的讲授形式有 3 种，分别为传统讲授、知识分享和互动引导。

（1）传统讲授

传统讲授，顾名思义，是一种较为传统的讲授方法。教师课堂上运用比较多的就是传统讲授，一些线下培训师运用较多的也是传统讲授。通俗来说，传统讲授就是培训师站在讲台前讲课，学习者坐在下面听课。传统讲授形式有一定的优点，但是也存在一定的弊端，具体内容如表 2-1 所示。

表 2-1　传统讲授的优点和弊端

传统讲授的优点	传统讲授的弊端
有利于大幅度提高课堂教学的效果和效率	不需要参与的学习方式容易让学习者产生一种错觉，认为自己只要参与培训活动就一定能获得某方面的知识和技巧
有利于帮助学习者全面、深刻、准确地掌握相关知识和技能	传统讲授是以培训师为中心，一切知识和技能都是由培训师分享、传授给学习者，很容易让学习者产生依赖和期待心理
有利于充分发挥培训师自身的主导作用	讲授形式受时间和地点的限制，需要约定时间和地点进行
传统讲授是其他讲授形式的基础	…………

传统授课方法有利有弊，综合来说，这种讲授形式通常比较适合于本身就是从事教育行业的跨界培训师，如从大学教授跨界而来培训师，或者从企业管理人员跨界而来的培训师。

（2）知识分享

知识分享是全媒体时代常见的讲授形式，也是大多数跨界培训师采取的讲授形式。

知识分享是指跨界培训师将所掌握的知识和技能，通过图文、音频、视频等方式发布在自媒体账号上，分享给对有这方面学习需求的学习者。

同样知识分享这种讲授形式也有优点和弊端，具体内容如表 2-2 所示。

表 2-2　知识分享的优点和弊端

知识分享的优点	知识分享的弊端
培训课程辐射范围广。跨界培训师可以将自己的培训课程发布到各个自媒体平台，覆盖全网	一些学习者会认为这些培训课程不具有权威性
不受时间、地点限制，随时随地都可以授课	课程内容同质化现象较严重
更轻松，教学重点在于学习者的自主性	……………

综合来说，像知识分享这种讲授形式更加适合于通过身份跨界而来的培训师，或者从线下跨界到线上的培训师，如从家庭主妇跨界而来的家居收纳培训师。

（3）互动引导

互动式教学是指通过营造多边互动的教学环境，在教学双方平等交流探讨的过程中，达到不同观点碰撞交融，进而激发教学双方的主动性和探索性，达成提高教学效果的一种讲授方式。这种讲授形式主题明确、条理清楚、探讨深入，能够充分调动学习者的积极性、创造性。但是也存在一定的弊端，比如组织难度较大，学习者所提问题的广度和深度不可控制，往往会影响培训的进程。

综合来说，如果培训的内容比较深奥、专业性较强，如金融领域、人工智能领域，那么就比较适合采用互动引导的讲授形式开展培训工作。

讲授形式并不是固定的，跨界培训师可以根据自身的实际情况、培训内容以及学习者资源的需求、偏好等选择合适的讲授形式，但前提是跨界培训师应充分了解不同的讲授形式的优点及弊端，这样才能做出更佳的选择。

2.4.2　内容形式：视频、音频、图文

全媒体时代的媒介形式多种多样，因此培训内容的呈现形式也多种多样，常见的内容形式有视频、音频和图文，如图 2-16 所示。

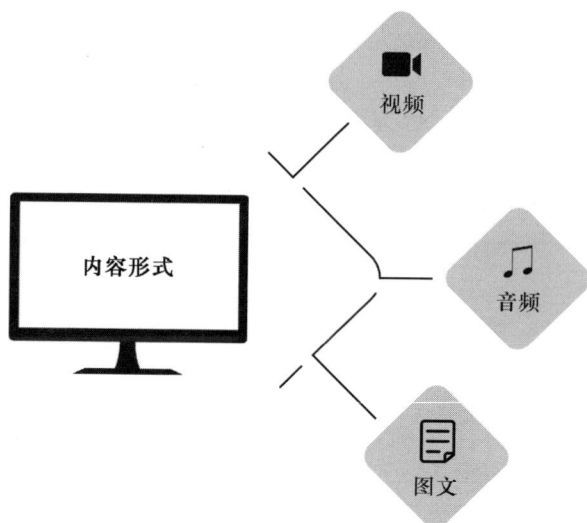

图 2-16　内容形式

（1）视频

视频是全媒体时代比较热门，深受人们喜欢的一种传播媒介。人们之所以喜爱这种传播媒介，是因为通过视频呈现的内容更丰富且视觉冲击力更强。而且视频还能给学习者一种"培训师就在眼前上课"的体验感，进一步提升学习者学习的乐趣和积极性。

但并不是任何课程都适用于视频传播媒介，也并不是任何跨界培训师都可以驾驭这种形式。那么，什么样的内容适合做成视频？哪些跨界培训师适合采用视频这种形式呢？

通常来说，内容较系统、专业性较强、能够具象化的理论知识等可以通过短视频的形式呈现内容，例如，法学领域、金融领域。

如果内容的知识点数量较多，知识难以具象化（如人文、部分社科类知识），则不适合用短视频的形式呈现内容。

除此之外，视频创作对跨界培训师也有一定的要求，跨界培训师需要具备一定的镜头感和表达能力，能够通过视频的形式生动、有趣地向学习者分享、传授知识和技能。所以，作为跨界培训师要先想清楚，自己的培训内容是否适合通过视频的方式呈现以及自己能否驾驭视频这种形式。

（2）音频

随着人们生活节奏的加快，越来越多的人开始倾向于音频内容。这主要是因为音频可以使人们的时间价值最大化。例如，人们可以坐车、吃饭、刷牙的时候听音频课程，利用碎片时间获得自己想要的知识和信息。正因为人们存在这样的需求，所以越来越多的图文都有音频模式，也有越来越多的跨界培训师开设了音频课程。

同样，也不是任何培训内容都适合用音频的形式呈现。通常来说，一些科普、艺术、文学类的培训内容可以采用音频的形式呈现，因为主要目的是让学习者了解信息和知识，而不是深入理解。

此外，市面上的音频课程主要分为两种：一种是跨界培训师本人的录音，另一种是由专业录音人或 AI 制作的录音。如果跨界培训师自身的声音条件较优越，那么可以选择音频的形式分享自己的课程，也是自我价值的一种体现。

（3）图文

图文是比较简单、直接的一种呈现内容的形式，也是比较原始的一种形式。从文学体裁来看，所有的体裁都可以通过图文的方式来呈现，例如虚构类文学（小说、诗歌、散文）、非虚构类（议论文、工具书）。也就是说，大部分培训内容都可以用图文的形式呈现。

对于跨界培训师来说，图文的制作成本比视频和音频的制作成本都低。跨界培训师只需具备一定的写作能力和表达能力，就可以轻松制作图文内容，即便要修改也不需要花费太长时间。但是短视频和音频无论是首次创作还是在后期修改都需要花费大量的时间，所以成本相对较高。从成本角度考虑，用图文呈现培训内容是一个非常不错的选择。

但是图文这种内容形式也存在一定的弊端。有些学习者不爱看文字，他们容易犯困、疲倦，对这些学习者来说，图文的学习成本就比较高。但也正是因为学习成本高，使得图文的学习效果比视频和音频的学习效果更好，因为学习者需要自己主动思考、理解、内化知识。

内容与形式其实是相辅相成的，好的培训内容必须匹配合适的形式才能使培训内容的效果最大化。所以，跨界培训师还应根据培训内容以及自身的实际情况选择合适的内容形式。

2.5 平台定位：选择哪个平台开启培训生涯

个人的力量是有限的，但是平台的力量是无穷的。对个人来说，一个优质的平台是职业发展道路上的助推剂，可以帮助个人获得更好的职业发展。对于跨界培训师来说更是如此。因此，跨界培训师还应学会对平台进行定位，选择一个合适的平台成功开启自己的培训生涯。

培训平台大体可以分为两类：线下培训平台和线上培训平台。跨界培训师可以从这两个方向切入，去了解、选择适合自己的培训平台。

2.5.1 线下培训平台盘点和选择

全媒体时代虽然线上培训平台比较多，但是线下培训平台也是不可取代的，而且有一些培训内容更加适合采取线下培训这种形式。所以，对线下培训平台进行盘点和选择也是跨界培训师应当认真去做的事情。

对线下平台进行盘点其实就是找出一些学习者比较青睐、口碑不错的线下培训平台并分析这些平台的特点。跨界培训师可以通过以下两种方式找出一些口碑不错的线下培训平台。

一是网络搜索。 跨界培训师可以通过各大搜索引擎搜索在线培训平台。一些学习者比较青睐的或知名度较高的在线培训平台都会呈现在网页的前几页，跨界培训师可以仔细浏览并记录找到的线下培训平台。

二是向身边的亲朋好友咨询。 全媒体时代是一个人人都是学习者的时代，也就是说跨界培训师身边其实就有好多学习者，因此跨界培训师不妨咨询他们平时使用较多且效果不错的线下培训平台有哪些。

无论是通过网络搜索还是向身边的亲朋好友咨询，都要尽可能细致、穷尽地搜索线下培训平台的相关信息。搜集的信息越多，越利于跨界培训师对线下培训平台进行更加全面、细致的盘点，进而越利于选择合适自己的线下培训平台。

对线下培训平台进行细致的盘点后，跨界培训师下一步要做的是对这些平台进行深入分析，选择适合自己的线下培训平台。为了深入分析不同的线下培训平台，了解不同平台的特点，建议跨界培训师制作一张表格，如表2-3所示。

表 2-3　不同线下培训平台的内容和特色

平　台	服务内容	特　色
S 机构	S 机构的培训课程和服务范围包括职业资格认证、技能培训以及职业相关的就业服务	致力于提高学习者的职场竞争力
X 教育集团	X 教育集团的业务主要包括外语培训、中小学基础教育、学前教育、在线教育、出国咨询、图书出版等各个领域 　　除了 X 这个品牌外，X 教育集团旗下还有 YN 中学教育、PP 少儿教育、QT 出国咨询、XC 在线教育等子品牌	注重学生教育、出国留学、语言学习方面的培训
Z 教育集团	Z 教育集团是全国领先的中小学课外教育机构，开设了包括辅导班、一对一个性辅导、全日制高四（高考复读）、全日制初四（中考复读）在内 100 多个校区	致力于中小学教育培训

　　对平台进行分析后，跨界培训师还需根据分析的结果并结合自己的实际情况选择合适的线下培训平台。

　　例如，如果是从销售冠军跨界为销售培训师，那么就应选择致力于提高职场竞争力的 S 机构；如果是从大学英语专业的学生跨界为英语培训师，那么就应选择 X 教育集团这样注重学生教育和语言类学习的线下培训平台。

　　不同的线下培训平台侧重的内容不同，特色也不同，跨界培训师应根据自身的实际情况选择更加合适的线下培训平台，这样培训的价值才能得以体现。

2.5.2　线上培训平台盘点和选择

　　全媒体时代，线上培训平台如雨后春笋般不断涌现。虽然线上培训平台很多，跨界培训师可选择的空间比较大，但是并不意味着跨界培训师可以随意选择。只有选对了平台，培训的价值才能得以体现。因此，跨界培训师还应认真对线上培训平台进行盘点并做出谨慎选择。

　　首先对线上培训平台进行盘点，即找出一些学习者较青睐、口碑较好的线上培训平台。

　　与线下培训平台相同，跨界培训师也可以通过网络搜索或向身边的亲朋好友咨询的方式找出一些学习者较青睐、知名度较高的线上培训平台，在搜索线上培训平台的相关信息时也要做到细致、穷尽。然后制作一张表格，对这些平台展开分析。下面以知名度较高、培训口碑较好的网易云课堂、腾讯课堂和得到为例，对不同的线上培训平台展开深入分析，如表2-4所示。

表2-4　不同线上平台的内容和特色

平台	服务内容	特色
网易云课堂	涵盖实用英语、大学考试、兴趣技能、逻辑英语、职场提升、编程开发、设计创意、生活兴趣、职业考证等九大门类	网易云课堂是中国领先的互联网技术公司打造的在线使用技能学习平台 注重系统性的学习，为学习者提供完整的学习体系，不需要学习者自己再费力寻找课程，打造一站式教学服务
腾讯课堂	涵盖职业培训、公务员考试、托福、雅思、考证考级、英语口语、中小学教育等众多在线精品课程	腾讯课堂是中国领先的互联网媒体平台推出的专业在线教育平台 课程种类多、强调平台内容的丰富性，与多家知名教育机构进行合作
得到	得到聚合了海量的名师和优质课程	提倡碎片化学习方式，旨在为学习者提供"省时间的高效知识服务"

对不同的线上培训平台进行深入分析后，跨界培训师还需根据分析的结果并结合自己的实际情况选择合适的线上培训平台。例如，从大学教授跨界而来的培训师，培训的主要内容是托福、雅思考试，那么可以选择网易云课堂和腾讯课堂；如果是分享一些理论知识，则可以选择得到。

除了以上这些专业的线上培训平台外，跨界培训师也可以选择在自媒体平台发布自己的培训内容，展开培训工作。例如，可以在今日头条用图文、音频或视频等形式分享自己掌握的一些知识和技能。

无论是选择线下平台还是线上平台，都必须了解不同平台的特点，侧重的内容和特色，然后才能结合跨界培训师自身的实际情况做出更好的选择。需要注意的是，有些平台也有进入门槛和规则，例如需要取得相关专业的证书，或者其他可以证明自己能力和资历的证书或作品，要求独家发布课程，即不允许培训内容发布多个平台。所以，跨界培训师在选择平台的时候也要关注平台的相关要求和规则，避免在平台的选择上出现失误。

第 3 章
塑造形象：为跨界
培训备好"战袍"和"武器"

要成功跨界成为一名真正意义上的培训师除了要具备一定的优势外，还应当具备一名专业培训师应有的专业形象，包括外在形象、声音形象和礼仪形象，为跨界培训准备好"战袍"和"武器"。

3.1 外在形象：用专业形象为跨界赋能

知名心理学教授艾伯特·麦拉宾（Albert Mehrabian）曾提出"73855定律"，也称麦拉宾法则，是指人们对一个人的印象只有7%来自说的内容，有38%来自说的语调、声音，而55%来自外在形象和肢体语言。外在形象在人际交往中的重要性不言而喻，对跨界培训师来说更是如此。

对于跨界培训师而言，一个良好的专业形象不仅可以传达自己的专业态度，给学习者留下良好的印象，还能为自己增加底气，让自己更有信心展开接下来的培训工作。因此，跨界培训师可以用专业形象为跨界赋能，助力自己更加顺利地走上跨界之路。

3.1.1 3秒钟印象：从职业到专业的转变

知名心理学家洛钦斯（A.S.Lochins）曾提出一个心理学效应——首因效应，也称第一印象效应，是指交往双方形成的第一印象对今后交往关系的影响。虽然第一印象不一定是正确的，却是最鲜明、最牢固的。如果学习者在第一次见到培训师的时候产生了良好的印象，那么学习者就愿意接近培训师，愿意学习培训师的课程。良好的第一印象还会影响学习者在之后学习中的一系列行为和表现。反之，如果学习者对培训师的第一印象不是很好，认为培训师不够专业，那么学习者以后可能不会选择上该培训师的课程。可见，第一印象对培训师展开培训工作非常重要。

通常来说，第一印象往往只需要三秒钟就能形成。所以，我们也将第一印象称为"三秒钟印象"。跨界培训师要想给学习者留下良好的印象，就要重视初次见面的前3秒钟。

两个人初次见面的三秒钟之内一般只能简单地打个招呼，并不能传递更多的信息，学习者对培训师的印象更多的来自培训师的外在形象。所以，跨界培训师要全方位注重自己的外在形象，以及自己的一言一行，争取在三秒钟之内就向学习者传达自己的专业态度。大体上说，跨界培训师应注意以下几点，如图3-1所示。

一是服饰。服饰给人留下的印象往往更为直接、深刻，所以跨界培训师一定要注重服饰的选择。一般来说，跨界培训师选择的服饰应得体、大方。

二是表情。跨界培训师的表情应轻松、自在、自信，面带微笑，让学习者感到亲切、随和，愿意与你交流。

三是身姿。跨界培训师的姿态应优雅。优雅的身姿可以体现跨界培训师的气质和专业态度。

四是举止。跨界培训师的举止应落落大方，这样的跨界培训师才会受学习者的青睐。

五是语言。大多数情况下跨界培训师需要通过语言与学习者沟通，这个时候语言是否丰富流畅，也是学习者判断跨界培训师是否专业的一个标准。

六是教学工具。教学工具也是体现跨界培训师专业态度的一个重要因素，跨界培训师的教学工具应直观、美观。

图 3-1　从职业到专业的转变

虽然三秒钟很短暂，但是三秒钟足够学习者从跨界培训师的外在形象对他／她做出初步的判断，进而决定是否会喜欢并继续上该培训师的课程。所以，跨界培训师切不可忽视初次见面的前三秒钟，应全方位打造一个专业形象，传达自己的专业态度。

3.1.2　专业培训师的仪容、仪表和仪态

仪容、仪表和仪态是跨界培训师外在形象的核心部分。具体来说，对一名专业培训师的仪容、仪表和仪态有以下要求。

（1）仪容

仪容主要是指人的外貌、外观。不同的身份、职业、习惯等对仪容的要求不同。

例如，家庭主妇对仪容可能没有太严格的要求，因为家庭主妇的主要工作场所是家里，没有会客需求的话，家庭主妇在家化妆的非常少。销售人员对仪容的要求相对来说比家庭主妇高一些，因为他们有会客的需求，但是也不会太严格，只要看上去更加精神、清爽即可。

这些人跨界成为培训师之后，很容易延续之前的仪容习惯，但是专业培训师对仪容的要求显然比较严格。所以，无论跨界培训师之前是什么身份，从事什么职业以及有什么样的习惯等，成为跨界培训师之后都必须严格按照专业培训师的仪容要求自己。

专业培训师在仪容上有一定的要求。男性培训师与女性培训师在仪容上存在一些差别，因此在仪容上的要求也有所不同。仪容上的具体要求如图 3-2 所示。

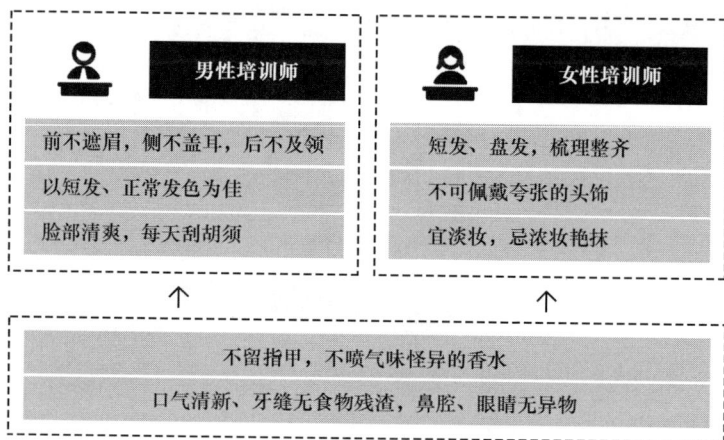

图 3-2　专业培训师的仪容要求

（2）仪表

仪表通常是指人的外表，它包括人的形体、容貌、健康状况、姿态、举止、服饰、风度等方面，是人举止风度的外在体现。这里的仪表主要是指跨界培训师的服饰，主要包括衣服、鞋子、领带、首饰、手表以及其他配饰等。

与仪容相同，不同身份、职业、习惯的人对仪表的要求也不同。

例如，全职妈妈在家带孩子的时候，为了方便、舒适，一般会选择一些比较宽松的衣服，也不会用一些配饰修饰自己。而一些时尚达人为了凸显自己的个性，通常会尝试一些绚丽的色彩搭配，并会佩戴一些夸张的首饰。

这些人跨界成为培训师之后也很容易延续之前的仪表习惯，即之前穿什么衣服，做培训师后依然穿同样的衣服。也有一些跨界培训师对仪表的要求有一定的转变，但是他们还是以自己的喜好为主，选择自己特别喜欢或朋友认为特别好看的衣服。然而，跨界培训师的仪表要求除了好看，更要大方得体，才能向学习者传达专业态度。所以，跨界培训师也必须按照专业培训师的仪表要求自己。

大体上说，专业培训师的仪表要求为以下几点，如图 3-3 所示。

	专业培训师的仪表要求
1	着装得体、大方，服饰不超过3种颜色，以纯色为佳，忌着装过分怪异
2	上衣最好有衣领，内外服装颜色要有对比
3	不要佩戴款式夸张的耳环、项链，服饰上不可有过多闪亮的配饰
4	如需佩戴眼镜，需佩戴普通光学镜片，不可选择五颜六色的镜片，镜框的款式也不可太夸张

图 3-3　专业培训师的仪表要求

更加具体的仪表要求会在后面的第 3.1.3 节"男性跨界培训师的'战袍'设计"和第 3.1.4 节"女性跨界培训师的'战袍'设计"中详细阐述，在此不再具体展开。

（3）仪态

仪态是指人的姿势、举止和动作。相比仪容、仪表来说，跨界培训师在仪态上更容易出现问题。因为不少身份、职业对仪容、仪表有一定的要求，所以跨界成为培训师之后他们或多或少会注意一下仪容、仪表。但是因为大多数身份、职业对仪态并没有严格的要求，所以导致一些跨界培训师忽略仪态，主要表现为：弯腰驼背、眼神呆滞、小动作多、长时间背对着学习者讲课等。这些问题不仅会影响跨界培训师的形象，还会影响培训效果。为了克服仪态方面的问题，跨界培训师也应当严格按照专业培训师的仪态要求自己。

专业培训师的仪态要求主要有以下几点，如图 3-4 所示。

	专业培训师的仪态要求
1	全身笔直，挺胸收腹，两眼正视，两肩平齐，两臂自然下垂
2	男士双脚分开，不超过肩宽
3	女士双腿并拢立直，两脚跟靠紧，脚尖分开呈60度
4	不能背对学习者讲课，板书或点评时应侧身进行

图 3-4　培训师的仪态要求

以上列举的是专业培训师的仪容、仪表及仪态的基本要求，不同的培训平台对仪容、仪表及仪态的要求不同。例如，音频平台对培训师的仪容、仪表及仪态几乎没有什么要求，因为培训师不需要直面学习者。线下授课对培训师的仪容、仪表及仪态的要求就比较严格，因为培训师要直面学习者，其仪容、仪表及仪态能够给学习者带去一定的视觉冲击力。跨界培训师应了解平台的要求，并按要求规范自己的仪容、仪表和仪态。

仪容、仪表和仪态不是一蹴而就的事情，需要跨界培训师勤学习、多了解，并在实际的工作中不断地修炼、提升。久而久之，跨界培训师就能养成专业培训师应有的仪容、仪表和仪态，可以更好地向学习者展示自己的专业形象。

3.1.3 男性跨界培训师的"战袍"设计

"战袍"是指跨界培训师的服饰，包括衣服、鞋子和其他配饰。俗话说"人靠衣装"，跨界培训师的专业形象同样要靠合适、得体的"战袍"来体现。所以，跨界培训师应根据自身的实际情况，如体重、身高、肤色等设计自己的跨界"战袍"。

男性跨界培训师与女性跨界培训师对"战袍"的要求会有所不同。我们先分析一下男性培训师的跨界"战袍"应如何设计。

刚从其他身份、职业等跨界而来的男性培训师在服装上很容易出现这样的问题：西装不合身，西装颜色太鲜艳，西装与衬衫的颜色不搭配，衬衫放在裤子外面，衣服褶皱较多等。

这些都不符合专业的男性培训师对"战袍"的设计要求。男性培训师的服装通常以西服为主，西服里面应选衬衫作为内衬，然后要配上领带、皮鞋以及能够进一步提升视觉体验相关配饰。男性培训师的"战袍"的具体设计要求如图 3-5 所示。

男性培训师的"战袍"设计其实是围绕"西服"展开的，要围绕西服配置合适的衬衫、领带、皮鞋以及相关配饰。这样才能确保整体看上去得体、大方，既能够展现男士的魅力，又能够传达专业态度。

男性培训师的"战袍"一般在品质上有较高的要求，因此成本也比较高。但是这对于一些刚刚跨界而来的培训师而言，会造成一定的经济压力，很容易阻碍他们的跨界之路。为了节省成本，轻松地步入跨界培训师之路，建议男性跨界培训师根据自己的内容形式设计"战袍"。

男性培训师的"战袍"设计	
西装	合身、笔挺
	颜色以黑色、藏青、深蓝、灰色为主
	面料选用羊毛质地，不用皮、麻、丝、棉
衬衫	选择干净、整齐、质地好的长袖衬衫
	袖口和领口保持干净、平整
	衬衣下摆要系进裤子里
	袖口要系好，袖子应比西装的袖子长出1厘米
	不打领带时，仅衬衣第一个扣子解开
	不要穿太旧、起泡或起球的衬衣
	衬衫里添加内衣时应选择低领内衣
领带	颜色：蓝色、灰色、紫色，不要浅于衬衣的颜色
	质地：真丝、纯毛、混纺为主
	图案：条纹、格纹、点纹为主
	长度：领带下摆刚好在腰带扣
	打法：普通结、温莎结、半温莎结
皮鞋	皮鞋应以深色为主，如黑色、棕色或灰色。不要穿太陈旧的
	鞋面要干净，鞋跟不要太高
	袜子以黑色长棉袜为主，忌穿白色袜子或尼龙丝袜
配饰	袖扣：可以选择款式简单的袖扣，为原本单调的西服增添一些色彩
	领带夹：领带夹可以体现男士的绅士风采，体现男士的品味和时尚感，因此可以根据需要选择一些款式简单的领带夹
	手表：手表既可以看时间，也可以用来做配饰。手表的价格不需太贵，款式和颜色不能太夸张，需与整体穿着风格相符
	包：男士可以用一个质量较好，设计简约、大方的皮质手提包
	腰带：腰带的颜色应以黑色、深棕色为主，腰带头的款式应简约、大方

图 3-5　男性培训师的"战袍"设计

　　大多数跨界培训师会先选择音频形式、视频形式或直播形式呈现培训内容，如果选择音频形式，那么则不需要准备"战袍"，可以节省"战袍"的成本；如果选择视频形式，只需一套"战袍"即可，因为通常一套课程会集中时间录制，所以穿同样的衣服出境很正常，还能给学习者一种视觉上的统一感；如果选择直播形式，准备1~2套"战袍"即可，可以轮换着穿，也可以只穿一套，因为学习者在听直播课程的时候更多的会关注培训师表达的内容，较少关注培训师的穿着。

　　此外，一些男性跨界培训师会选择线下的方式展开培训工作，因为这种方式需要与学习者面对面交流，所以学习者会更加关注跨界培训师的着装，因此通常需要多准备几套，最少要有 2 套，多则 4~5 套，具体应根据自己的经济实力来准备。

"战袍"只是男性跨界培训师走上跨界之路的辅助"工具"，不是有了"战袍"加身就一定能成功跨界，关键还在于跨界培训师的专业能力。所以，男性跨界培训师在设计跨界"战袍"的时候应量力而行，不应超出自己的经济实力设计"战袍"，这样就本末倒置了。

3.1.4 女性跨界培训师的"战袍"设计

女性跨界培训师的"战袍"设计包含的主要内容与男性跨界培训师的"战袍"设计相差不大，主要包括服装、鞋子和配饰，但是因性别不同也存在一些细微的区别。

刚从其他身份、职业等跨界而来的女性培训师在服装上很容易出现这样的问题：衣着比较暴露，衣服太紧身、短小，衣服的颜色较鲜艳，丝袜有破洞，配饰过多等。

这些都不符合专业的女性培训师对"战袍"的设计要求。女性培训师的服装通常要求是职业装，可以是西服，也可以是较为正式的裙子或裤装，然后要搭配合适的鞋子、包以及其他配饰。女性培训师的"战袍"具体设计要求如图 3-6 所示。

女性培训师的"战袍"设计同样是围绕"职业装"展开的，要围绕职业装配置合适的鞋子、包及相关配饰。这样才能确保整体看上去得体、优雅、知性，既能够展现女士的魅力，又能够传达专业态度。

与男性跨界培训师的"战袍"设计相同，女性跨界培训师也应根据具体的培训形式以及自身经济情况准备战袍数量。不同的是，女性跨界培训师"战袍"设计的重点不在有多少套，而在于"战袍"的质感、颜色、款式。总体上来说，"战袍"的质感要好，颜色不要过于鲜艳，款式要简约大方。配饰的选择宜少不宜多，有些配饰甚至可以不用，如头饰、首饰。

女性跨界培训师的"战袍"同样只是女性跨界培训师走上跨界之路的辅助"工具"，关键在于女性培训师的专业能力。所以，女性跨界培训师也应根据自己的经济实力设计"战袍"。

女性培训师的"战袍"设计	
职业装	不暴露。衣着过于暴露，会给人留下一种不够专业的印象，可以穿正式的短袖衫，但是不可穿无袖，应以长袖为宜
	不杂乱。身上的颜色不超过3种，且不要叠穿。衣服要时刻保持整洁、平整
	不短小。衣服短小会显得不大方，衣服一定要合身、得体
	不鲜艳。颜色过于鲜艳显得不端庄、不正式、不稳重，应以深色、纯色为主
	不透视。选择质地较好的衣服，忌穿透视装
	不残破。设计好"战袍"后应仔细、全面检查所有服饰，尤其是丝袜，应注意是否有破洞或刮丝
鞋子	不要穿露脚趾的鞋
	不穿凉鞋
	鞋子的颜色不要过于鲜艳，鞋跟不要太高或太细或有破损，鞋面干净，装饰物不宜过多
	尽量不选无跟鞋，因为无跟鞋使女士缺少女性魅力
包	女士用的提包不一定是皮包，但必须质地好，庄重，并与服装相配
	不宜拎纸袋或塑料袋，不宜背双肩背包，更不宜只拿一个化妆包
配饰	符合身份。配饰应展示专业形象，所以选择配饰的时候要尽量选简约、大方的款式，不宜选夸张的款式，如过肩的耳饰
	以少为佳。配饰主要是为了提升视觉感，为外在形象增添一些色彩，因此切忌过多堆砌，这样容易喧宾夺主，且会给学习者一种不好接触的感觉
	同质同色。配饰最好同质同色，既能够给人一种整体感，还能够象征着培训师内在的完整统一

图 3-6 女性培训师的"战袍"设计

对于学习者而言，只有当他们直观地看到一个专业的外在形象立体、鲜活地展示在自己面前，并在自己心中刻下了深深的印象，他们才会被打动、被吸引，进而会积极、主动地学习培训师的课程。所以对跨界培训师来说，塑造专业的形象是让培训课程更吸引学习者的秘密之一。

3.2 声音形象：跨界培训必备的"武器"

在第 3.1 节中我们提到"73588 定律"，是指人们对一个人的印象，只有 7% 来自说的内容，有 38% 来自说的语调、声音，55% 来自外在形象和肢体语言。可见，除外在形象和肢体语言外，声音形象成了人际交往中较重要的第二个因素。所以，一些业界人士将声音比作培训师的"第二张脸"。

跨界培训师的声音形象是否专业往往也决定了是否能够吸引学习者，提升培训效果。因此，为了更专业、高效地展开培训工作，专业的声音形象成了跨界培训师跨界必备的"武器"。

3.2.1 你的声音支持跨界培训吗

相较于外在形象而言，跨界培训师对声音形象的认识并不深刻。一些跨界培训师可能认为，只要会说话，能够将自己想分享的知识和技能传递出去即可。但实际上，专业培训师对声音也有一定的要求。只有具备一定的声音条件，才能更加高效地传递信息，才能展示自己的专业形象，提升培训效果，进而才能吸引更多的学习者。所以，跨界培训师在正式成为跨界培训师之前应认真审视一个问题——你的声音支持跨界培训吗？

通常来说，跨界培训师要具备专业培训师要求的声音条件，应注意以下几个事项，如图 3-7 所示。

跨界培训师在声音上的注意事项	
语速	以180~200字/分的语速讲解培训内容
	懂得在必要的地方做适当停顿
音量	懂得视听众人数、教室大小、培训时间和内容来控制音量
	会使用扩音器材
音调	清晰的发音
	音调要有变化，抑扬顿挫
语气	语气应温和，让学习者感到亲切
	避免模棱两可的语气，这样容易让学习者对信息产生误解

图 3-7 跨界培训师在声音上的注意事项

（1）语速

语速，即说话的速度。造成语速变化的原因有很多，例如情绪紧张、时间急迫、身心疲惫、说话者特意强调甚至是故意跳过一些重要内容，都会导致语速发生变化。但是作为专业培训师应灵活应对培训过程中发生的任何情况，做到语速适中。因为过慢的语速容易让学习者感到培训师不自信，而过快的语速容易让学习者感到压迫，只有适中的语速能够让学习者感到舒适，更适用于培训工作。

具体来说，跨界培训师在语速方面需要注意以下两点。

一是以 180~200 字 / 分的语速讲解培训内容。

二是懂得在必要的地方做适当停顿。 语速适中并不是要求培训师从头到尾都保持同样速度，在必要的地方也要懂得适当停顿，这样才有利于学习者更好地理解内容。例如，在重点内容、需要学习者做笔记的地方、引导学习者思考的时候等。此外，也有一些地方可以适当加快语速，如比较简单的内容可以稍微加快语速，一笔带过。

（2）音量与音调

音量是指说话声音的大小，不同的场景下对音量的大小要求不同，因此跨界培训师应懂得根据培训场景调整大小合适的音量。此外，跨界培训师还应懂得根据培训内容控制音量的大小，例如强调重点内容的时候可以稍微调大音量。

具体来说，跨界培训师在音量方面要注意以下两点。

一是视听众人数、教室大小、培训时间和内容来控制音量。

二是使用扩音器材帮助自己控制音量大小。

音调是指声音频率的高低。音调不仅可以起到渲染氛围的作用，还可以通过变换音调强调重点内容。具体来说，跨界培训师在音调方面要注意以下两点。

一是发音清晰。

二是音调要有变化，抑扬顿挫。

跨界培训师也可以采取一定的方法对语调进行训练，以在培训中恰当地运用语调。

（3）语气

语气是待人接物时的态度和内心潜意识的一种暗示。在培训过程中，语气的外在性表现为培训师的语气可以让学习者感觉轻松或者保持警觉。正常来说，培训师的语气应让学习者感到轻松，这样才能让学习者以更佳的状态投入到学习中。

具体来说，跨界培训师在语气方面要注意以下两点。

一是语气应温和，让学习者感到亲切。

二是避免模棱两可的语气，这样容易让学习者对信息产生误解。

语速、音量、音调以及语气是声音的基础，一个良好的声音还应能够传达情感、引发学习者的共鸣。所以，跨界培训师应综合声音的各个方面进行分析，思考自己的声音是否支持跨界。如果答案是肯定的，那么恭喜你，离成功跨界又近了一步。如果答案是否定的也不要沮丧，因为可以通过后天的训练塑造声音形象。例如，通过发音训练、语速训练等方法塑造声音形象。具体的方法和策略会在后面的内容中详细阐述，跨界培训师可以参考提供的方法和策略塑造一个良好的声音形象。

3.2.2 气息训练：学会用气说话

声音是气流通过声带并使声带振动而产生的，因此清晰发音的首要条件是为肺部提供充足的空气。一般来说，通过简单的气息训练就可以帮助人们吸入更多的空气，以增大冲向声带的气流，使人们的发音能够更加清晰、准确。所以，跨界培训师要想塑造一个良好的声音形象首先应进行气息训练，学会用气说话。

跨界培训师可以采用胸腹联合呼吸法进行气息训练。胸腹联合呼吸法是一种依靠胸腔、横膈膜和腹部肌肉控制气息的呼吸方法，是播音员、主持人以及声乐界人士在工作时经常采用的呼吸方法。跨界培训师也可以采用这种呼吸方法进行气息训练。

胸腹联合呼吸法主要是训练吸气和呼气。吸气和呼气的基本练习方式有以下几种：

吸气的练习方式：半打哈欠、闻花香、抬重物等。

呼气的练习方式：吹蜡烛、吹纸片、叹气、数数等。

以上介绍的是练习呼吸的基本方法，跨界培训师可以先从基本方法开始训练气息。掌握基本方法之后，跨界培训师还可以采用吸气与呼气配合的方式进行气息的加强训练。

吸气与呼气配合的呼吸练习方式主要有以下四种，如图 3-8 所示。

图 3-8 吸气与呼气配合的呼吸练习方式

（1）慢吸慢呼

慢吸慢呼的方式可以体会气息的基本状态，利于提升跨界培训师对气息的控制能力。跨界培训师可以采取数数的方式练习慢吸慢呼。

1，2，3，…

无论是采用数数的方式还是其他方式练习慢吸慢呼都要注意以下六点。

> 一是保持在正常的呼吸状态下慢吸气至八成满，然后以大约每秒一个数的速度数数，1，2，3，…
>
> 二是数数的时候中途尽量不要换气、补气，并要保证数字之间的语音规整、声音圆润、音量和音调一致、力度一致。
>
> 三是出声则出气，不出声不漏气，气竭则声停。
>
> 四是声带、喉咙保持正常发声的通畅感，不因吸气较满、肌肉紧张而扼喉。
>
> 五是一般吸一口气数数的时间达到 30 秒～40 秒即可视为完成练习要求。
>
> 六是刚开始练习时，不要单纯追求数数字的多少，重点要关注呼吸发声的控制力。控制力强了，气息就会更稳，数的数字就会更多。

（2）快吸快呼

快吸快呼应保持"两肋打开、吸到肺底、腹壁站定"的基本状态，然后不经意间张嘴迅速吸入一口气并迅速呼气。这种呼吸练习也叫蛤蟆气，在京剧里叫"狗喘气"。

具体的练习方式是依靠上腹（横膈膜）的弹跳将气息迅速吸入，然后迅速呼出，进行循环往复的练习。练习时要注意的是不要注意呼气的动作，呼气时只需要有肚皮一松的感觉即可，即"一吸一呼，一吸一呼，……"。

练习快吸快呼的主要目的是练习横膈膜的弹性，良好的声音形象需要的正是这种弹性。

（3）慢吸快呼

保持慢吸的正确状态吸气之后，用一口气尽量快速说出更多的话。具体的练习方法是将心态放平稳，肩部、胸部放松，缓缓将气息吸入，注意此时胸部不能有上提的现象。此时上腹部慢慢外鼓，然后将气迅速呼出。以此办法反复练习，可以使以横膈膜为主的吸气肌肉群得到充分的锻炼。

此外，跨界培训师可以用简单重复的绕口令练习慢吸快呼。

比如，"吃葡萄不吐葡萄皮。"

（4）快吸慢呼

跨界培训师练习快吸慢呼的时候可以选择发音较响亮的音节组成的人名朗读，如小刚、小兰、小花、小毛。

还可以假设你认识小刚这个人，小刚离你较远，你看到了他，想喊他。这个时候你要迅速地抢吸一口气，然后才能拖长腔喊出小刚的名字。

此外，跨界培训师还可以选择朗读快板、戏曲的贯口和段子练习快吸慢呼。无论采取哪种方式练习，都一定要控制好气息，要求吸呼急而不促、快而不乱、长而不喘。

以上4种吸气与呼气的配合方式中，快吸慢呼的配合方式更符合说话用声呼吸控制的实际状况。所以跨界培训师在采用扩展胸腹联合式呼吸控制能力的训练中，应以快吸慢呼的训练为主。

专业培训师对声音最简单的要求就是能够保证一句话清晰、完整地传达出去，而要达成这样的效果首先就必须尽量地使用气息发声，自如地控制气息。所以，跨界培训师应掌握训练气息的技巧并不断地训练，学会用气息说话。

3.2.3　发音训练：咬字清楚，发音准确

气息是发音的基础，但是气息的控制能力提升了，并不意味着一定可以清晰、完整地传达信息。跨界培训师要想达成这样的效果还应在气息的训练上进行发音训练，以做到咬字清楚，发音准确。

（1）发声练习

发声是发音练习的基础，即要先学会如何发出清晰的声音。跨界培训师可以采取以下几种方式进行发声练习。

闭口哼唱：上下唇轻闭，舌头平放，舌尖轻舔在上门齿后，气息缓缓送入鼻腔。

母音练习：a o e i u ü。

开口音：a o u。

闭口音：i e ü。

（2）语音训练

练习完简单的发声后，接下来就要开始进行语音训练，即练习如何清晰、准确地朗读词语。跨界培训师可以通过反复读以下词语进行语音训练，如图3-9所示。

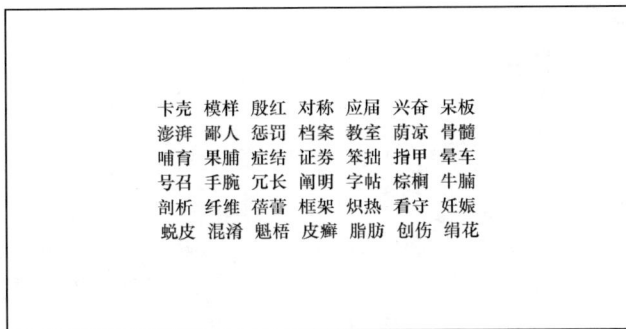

卡壳　模样　殷红　对称　应届　兴奋　呆板
澎湃　鄙人　惩罚　档案　教室　荫凉　骨髓
哺育　果脯　症结　证券　笨拙　指甲　晕车
号召　手腕　冗长　阐明　字帖　棕榈　牛腩
剖析　纤维　蓓蕾　框架　炽热　看守　妊娠
蜕皮　混淆　魁梧　皮癣　脂肪　创伤　绢花

图 3-9　语音训练词语

（3）重音训练

重音训练也是发音训练的重点内容。重音训练是指说话时根据语句的目的和情感的需要，句子里某些词语念得比较重的现象。通常用增强声音的强度来体现重音。

对跨界培训师来说，进行重音训练不但可以锻炼自己的发音，还可以通过重音训练强调重点，渲染情感。具体来说，跨界培训师进行重音训练的时候应注意以下几点。

首先要确定重音。确定重音有以下几个方法。

一是突出语句中的中心词。如"我去过上海"，"上海"就是这句话的中心词。

二是体现逻辑关系的对应词。如"因为我不喜欢吃辣，所以我不吃川菜"，其中的"因为""所以"就是体现逻辑关系的对应词。

三是渲染情感色彩的关键词。如"我是如何度过这无比欢乐的一天的"，其中的"无比欢乐"就是渲染情感色彩的关键词。

涉及以上三点的词都应使用重音。此外，跨界培训师**还要掌握表现重音的方法**。

表现重音的方法有三种：快慢法、强弱法、虚实法，就是通过语音快慢、强弱、虚实的对比体现出重音。快、强、实与慢、弱、虚对比就能凸显重音。

咬字清楚、发音准确是一个跨界培训师声音形象的基本要求，满足基本要求之后，跨界培训师才能进一步塑造良好的声音形象。所以，跨界培训师一定要认真进行发音训练，为塑造良好的声音形象打好基础。

3.2.4　语速语调训练：时快时慢，抑扬顿挫

在第 3.2.1 节中我们提到跨界培训师要具备专业培训师要求的声音条件需要注意语速语调方面的相关事项。那么，作为跨界培训师要如何训练自己的语速、语调呢？训练方法如图 3-10 所示。

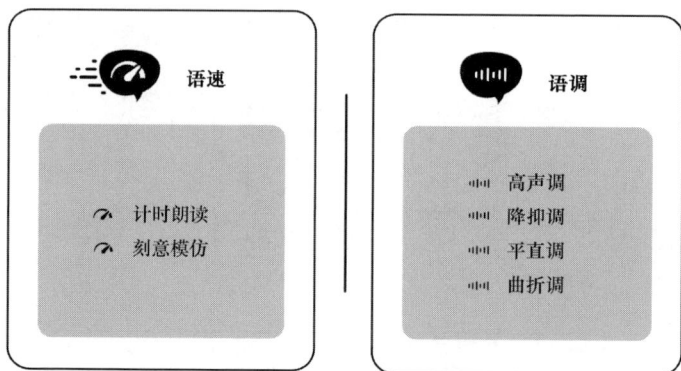

图 3-10　语速语调训练

（1）**语速**

跨界培训师的语速要求适中，且要懂得在什么地方加快语速，在什么地方放慢语速。具体来说，跨界培训师可以通过以下几个方法进行语速训练。

一是计时朗读。选择一个 200 字左右的陈述内容的文章。一般不建议诗歌或散文，因为诗歌或散文需要情感丰沛而且内容一般不太连贯，内容连贯、简单的文章不容易分散人的精力，更适合进行语速控制练习。在朗读的过程中，跨界培训师要注意发音准确，吐字清晰。遇到逗号时空一个字的时间，遇到句号时空两个字的时间，其他标点符号不空时间。

朗读的时候可以用手机录音，一定要在 60 秒内读完 200 字。朗读结束后再回放录音，发现问题并改进。每天最好练习 30 次，慢慢就能形成适中的语速。

二是刻意模仿练习。跨界培训师可以找到一些职业培训师的课程听，或者听新闻播音员读新闻稿，因为他们的语速通常都比较适中。然后，刻意模仿他们并不断练习。

无论跨界培训师选择哪一种方式都要进行反复练习。在练习语速的同时也要对发音、音量、语调、语气等加以练习。

此外，跨界培训师在训练语速的时候还应注意以下两点。

一是懂得根据内容把握语速。语速须与情境相适应，根据思想内容、故事情节、人物个性、环境背景、感情语气、语言特色来处理。

二是懂得根据体裁把握语速。记人叙事要说得快些，记言议论要说得慢些。

（2）**语调**

抑扬顿挫的语调才能更好地渲染氛围，吸引学习者，提升培训效果。跨界培训师可以通过以下几种方式进行训练语调。

一是学会使用高声调。高声调是指语调前低后高、语气上扬。多用于疑问句、反问句、短促的命令句，表示愤怒、紧张、警告、号召的语气。例如，"这个问题是不是只有一个解决方法呢"。

二是学会使用降抑调。降抑调是指语调由高降低，末字低短。用于感叹句、祈使句，表示坚决、自信、赞扬、祝愿、沉痛、悲愤等感情。例如，"我希望通过这节课的学习，你们能够……"。

三是学会使用平直调。平直调是指语调平直舒缓，没有显著的高低变化。多用于叙述、说明或表示迟疑、思索、冷淡、追忆、悼念等句子。例如，"我个人认为这个问题……"。

四是学会使用曲折调。曲折调是指语调先高后低或先低后高，用于表示特殊的感情，多用于讽刺、讥笑、夸张、强调、双关、惊异等。例如，"我比较诧异为什么这个问题大家都没有关注过"。

适当的语速和抑扬顿挫的语调是声音中的核心部分，也是跨界培训师声音形象的具体体现，决定了能否吸引学习者，提升培训效果。所以，对语调的训练是跨界培训师必须引起重视且必须认真去执行的事情。

3.2.5　语气训练：正确反映语言的本意

语气是体现说话者立场、态度、个性、情感、心境等起伏变化的语音形式，它是思想感情和语音形式的统一体。在课堂上，跨界培训师只有采用恰当的语气，才能生动、正确地反映语言的本意，进而才能有效地传递信息，提升培训效果。所以，对于跨界培训师而言，对语气进行训练也显得十分必要。

不同的句型、不同的内容表现出的语音形式不同，所以跨界培训师要想正确地反映语言的本意，应深入认识、掌握不同的句型，以及不同的内容所表现出的语音形式。

（1）依据句型划分语气

不同的句型表现出的语气不同。依据句型可以将语气划分为陈述语气、感叹语气、祈使语气和疑问语气。

陈述语气是指直接陈述事实，或肯定，或否定。有时单纯报道事实或表示意见，有时也带有一定的感情色彩。陈述语句中常用的语气词有"啊、了、呢、嘛、吧"等。例如，"我非常认同这位作家提出的观点呢。"

感叹语气是指对事物、行为表示赞赏或否定，有强烈肯定或否定的情感色彩。例如，

"多么有价值的一句话啊！""这种行为简直令人发指！"

祈使语气是指要求 / 请求或禁止某些行为，感情色彩不强烈。例如，要求式："请你表达一下对这件事的看法。"禁止式："不要在课堂上大声喧哗。"

疑问语气是比较复杂的一种语气。一般根据疑问句的结构和所表达的疑问语气可以将疑问语气分为四类。

> **一是是非问句。**是非问句与陈述句相同，只是改用疑问句的语调，语调为升调。语气词可以用"吗"，不能"呢"。是非问句中可以用"的确""真的"等副词，不能用"到底""究竟"等词语。例如，"你们真的很喜欢这部分内容吗？"
>
> **二是特指问句。**特指问句是用疑问代词代替未知部分进行提问，要求对方针对未知部分做出回答的疑问句。特指问句既可以使用升调，也可以使用降调。特指问句一般用"呢、啊"等语气词，不能使用"吗、吧"。例如，"这个观点是哪位管理学家提出的啊？"
>
> **三是选择问句。**选择问句是提出两种或两种以上的情况让对方从中做出选择的疑问句。选择问句中可以用语气词"呢"，不用"吗"。例如，"这个问题让我好好想一想行不行呢？"
>
> **四是反问句。**反问句是指用疑问的形式表达陈述句的内容，表面上看起来是疑问，但实际是肯定。一般不用疑问代词或疑问语气词，语气词可以用"呢、啊"，不用"吗、吧"。例如，"难道这不是值得我们认真研究的事情啊？"

从上面的四种句型中可以看出，不同的句型背后表现的语气千差万别，传达的情感和本意都不同。所以，跨界培训师进行语气训练的时候首先需掌握以上四种句型以及背后表达的情感和本意。

（2）根据内容划分语气

根据具体内容可以将语气划分为表意语气、表情语气和表态语气三种。

表意语气是句子表达的基础，也是表情语气和表态语气的基础。它是指向对方传递某种信息。例如，陈述、疑问、祈求、感叹等都属于表意语气。用表意语气中通常有相应的语气词，语气词的位置不固定，或者独立成小句，或位于小句末尾，或位于整个句子的末尾。

下列几组词语为表意语气，跨界培训师可以用适当的表意语气反复读下列句子以训练语气，如图 3-11 所示。

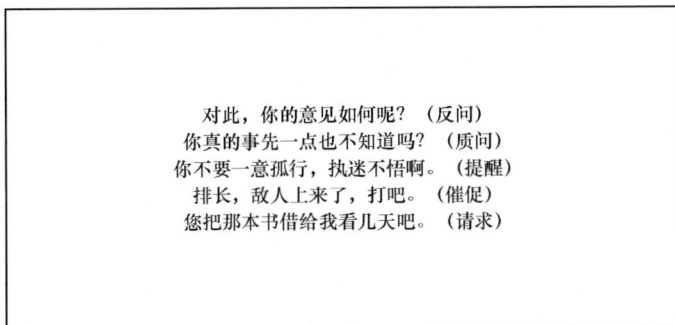

对此，你的意见如何呢？（反问）
你真的事先一点也不知道吗？（质问）
你不要一意孤行，执迷不悟啊。（提醒）
排长，敌人上来了，打吧。（催促）
您把那本书借给我看几天吧。（请求）

图 3-11 表意语气

表情语气是指谈话中表现的感情，例如，喜悦、叹息、赞叹等。跨界培训师通过表情语气可以向学习者表达自己的某种情感，以增强彼此之间的情感连接。表情语气中通常也有相应的语气词。

下列几组词语为表情语气，跨界培训师可以用适当的表情语气反复读下列句子以训练语气，如图 3-12 所示。

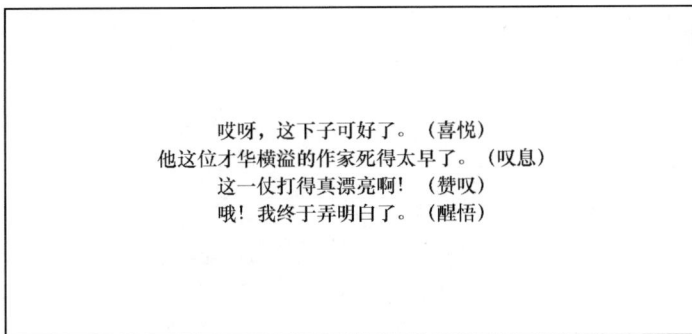

哎呀，这下子可好了。（喜悦）
他这位才华横溢的作家死得太早了。（叹息）
这一仗打得真漂亮啊！（赞叹）
哦！我终于弄明白了。（醒悟）

图 3-12 表情语气

表态语气是指对自己的说话内容表示某种态度，例如，肯定、不肯定、委婉、否定等。跨界培训师通过表态语气可以向学习者传达自己的某种态度，也可以增强与学习者之间的情感连接。表态语气中通常也有相应的语气词。

下列几组词语为表态语气，跨界培训师可以用适当的表态语气反复读下列句子以训练语气，如图 3-13 所示。

他确实尽了最大的努力。（肯定）
这件事恐怕难以办到。（不肯定）
我不希望看到那样的结果。（委婉）
这种意见是错误的。（否定）

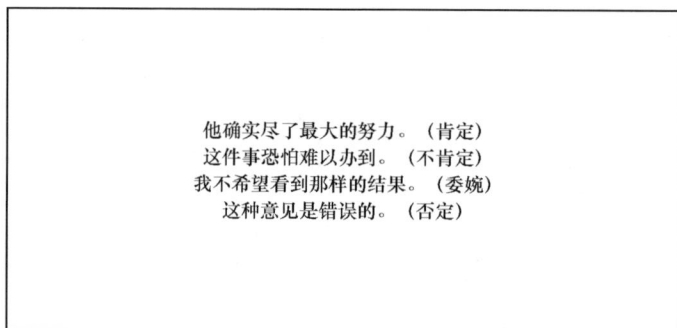

图 3-13　表态语气

语气传达的是跨界培训师的情感和态度，在精神需求日益增长的时代，学习者需要的正是培训师的情感和态度。所以跨界培训师要掌握气息、发音、语速和语调的相关技巧，更要掌握语气的使用。

3.2.6　综合训练：持续不断地读

声音是一个综合的概念，即要塑造一个良好的声音形象，不能单单训练某一项，如不能单单训练气息或发音，而应当进行综合训练。所以跨界培训师在进行气息训练、发音训练、语速语调训练、语气训练等单项训练的同时，还应进行综合训练。

综合训练简单地说就是综合单项训练，将掌握的方法投入实践，持续不断地进行说话练习，如图 3-14 所示。

图 3-14　综合训练

（1）朗读训练

朗读是一种大声的阅读方式，是阅读的基本功。就语言学习，塑造声音形象而言，朗读最为重要。所以，跨界培训师可以从基本功开始进行综合训练。

虽然朗读没有太多的技巧性，就是对照文章大声阅读，但是也要带着塑造声音形象的目的认真阅读，朗读的同时要锻炼气息、发音、语速语调以及语气。

此外，为了避免因朗读枯燥无味而导致跨界培训师在朗读的过程中犯困、无精打采，建议跨界培训师选取一些自己比较喜欢的文章进行阅读。例如，自己非常喜欢的作家的作品。

（2）朗诵训练

朗读是朗诵的基础，朗诵是指用有力的声音，综合各种语言技巧来完善地表达作品的思想感情的一种语言艺术。相比朗读来说，朗诵更加强调情感的表达，能够更好地锻炼跨界培训师对气息、发音、语速语调，尤其是语气的训练。所以在朗读的基础上，跨界培训师还应进行朗诵训练。

因朗诵训练更加强调情感的表达，所以建议跨界培训师选择一些情感比较丰沛的文学性作品或艺术性作品阅读。例如，知名浪漫主义诗人米哈伊·艾米内斯库 (Mihai Eminescu) 的诗《假如》。

（3）演讲训练

培训师在课堂上讲课与演说家在台上演说有很多相似之处，例如都要通过声音传递信息，塑造专业形象。所以，跨界培训师还可以通过演讲的方式进行综合训练。

比较简单、易行的一种演讲训练方式就是对镜练习。跨界培训师可以将镜子中的自己当成学习者，然后对着学习者讲解相关知识。跨界培训师进行演讲训练的时候可以准备一些自己比较擅长的知识和技能进行讲解。这种对镜练习更能帮助跨界培训师认知到自己发音上的不足，进而可以更好训练发音方面的能力。

此外，对镜练习不仅可以训练语言能力，还可以帮助跨界培训师训练非语言能力，包括站姿、手势、眼神以及面部表情。实际上，很多跨界培训师在讲课的时候会有一些小动作，而一面镜子几乎能够解决这些问题。

（4）绕口令训练

绕口令是进行综合训练比较好的一种方式，因为绕口令可以促进头脑反应灵活，进而可以更好地训练气息、发音等能力。在进行绕口令学习时，跨界培训师不能操之过急，应当从易到难，先选择简单一点的绕口令，按照普通话的正确发音将绕口令读一遍，然后再加快速度。否则，不科学的训练容易导致发音不准、吐字不清，离跨界培训师的声音目标越来越远。

跨界培训师无论采取以上哪一种或者哪几种方式进行综合训练，都应当坚持每天腾出一定的时间进行专门的练习，建议每天练习30~60分钟。良好的声音形象其实就是通过综合训练持续不断地读出来的。所以，跨界培训师不要顾虑太多，只管去读。

3.2.7　跨界培训师如何养护嗓子

除了图文内容形式外，其他内容形式，如视频讲课、直播讲课等都要用嗓子发声。一些刚跨界而来的培训师往往不懂得如何科学用嗓，那么长时间下来，很容易导致嗓子发炎、沙哑，甚至声带病变。这样不仅会影响培训效果，还会给培训师的身体造成一定的伤害，是得不偿失的一件事。所以，跨界培训师要掌握塑造声音方面的一些技巧，更要学会如何养护嗓子。

一些职业培训师通常会采取两种方式养护嗓子，一是物理护理，二是食疗护理。

（1）物理护理

所谓的物理护理是指运用现有的物理学知识解决嗓子方面存在的问题。常用的物理护理方法有以下几种。

> 一是早晚用淡盐水漱口，祛痰，改善咽炎病症。
>
> 二是不上课的时候尽量小声说话，避免大嚷大喊过度用嗓。
>
> 三是喝一些菊花茶、枸杞子，补气祛火润嗓。
>
> 四是需要大声说话时尽量用丹田气息去说，避免扯着嗓子声嘶力竭地说。
>
> 五是可以通过练习绕口令和跑步来练习气息，气息控制力变强了，嗓子也不容易出现问题。

此外，还可以咨询专科医生或其他专业人士，更加专业的建议能够帮助跨界培训师更科学地养护嗓子。

（2）食疗护理

食疗护理是指通过调整饮食对嗓子进行养护。

食疗护理一定要咨询专科医生或专业人士，切勿盲目尝试偏方。

嗓子护理是一个需要长期坚持去做的事情，而不是等到真正出现问题的时候才意识到要养护嗓子。到那个时候，可能会耽误很多事情。例如，大厅里坐着上千人正等着培训师上课，但是培训师的嗓子突然发炎，无法开声。这种情况不仅会影响培训效果，还会影响跨界培训师的口碑，影响职业发展。所以，跨界培训师应懂得对嗓子进行日常养护。

嗓子对跨界培训师的重要性其实不言而喻，一副好的嗓子不仅是跨界培训师"革命"的本钱，更是开启跨界培训师职业生涯的有力"武器"。

3.3　礼仪形象：一言一行皆要跨界

礼仪是一门综合性较强的行为学科，是指在人际交往中，为了互相尊重，始终如一地以约定俗成的程序、方式来表现的律己敬人的完整行为。这种完整行为能够帮助跨界培训师更好地向学习者传达专业性、态度、权威性和魅力，提升自己的专业形象。

所以，跨界培训师不仅要塑造良好的外在形象和声音形象，还要塑造良好的礼仪形象。

3.3.1　礼仪原则：整洁、自然、互动

跨界培训师在塑造礼仪形象的时候，首先应遵循礼仪的三大基本原则：整洁、自然、互动，如图 3-15 所示。

图 3-15　礼仪的三大原则

（1）整洁

跨界培训师应遵循的第一个礼仪原则是整洁。礼仪的整洁主要表现在以下两个方面：

一是保持仪容、仪表的整洁。具体体现在以下几点，如图 3-16 所示。

1	衣服合体、得体
2	衣服干净、整齐，不能有任何污渍，尤其要注意衣领和袖口处。夏季的衣服很容易留下汗渍，应勤换洗
3	衣服应平整，没有褶皱
4	衣服上的纽扣应齐全
5	衣服上不能有开线的地方，不能有线头，更不能有破洞，尤其是女性培训师的丝袜要注意检查是否有破洞的情况
6	开始培训前要整理好衣领，拉好拉链，扣好纽扣
7	皮鞋应打油，保持鞋面干净、光亮
8	袜子要勤换洗，特别是有汗脚的人，更要注意袜子的清洁，避免袜子在课堂上散发出异味

图 3-16　第一个礼仪原则——整洁

二是保持培训环境的整洁。如果跨界培训师采用的是传统授课的形式，那么就要保持讲台以及教室的整洁。这些工作未必要跨界培训师亲自去做，可以安排专门人员负责，但是上课之前培训师必须确保讲台、教室整洁，为学习者创造良好的培训环境。如果跨界培训师采取线上授课的形式，那么则要保持镜头中呈现的场景整洁。通常镜头中不需要出现太多物品，只需要一块白板或一块投影仪即可。

整洁是礼仪中最基本的原则，跨界培训师首先应做到仪容、仪表和整体培训环境的整洁。这就要求跨界培训师在进行培训工作之前要认真、仔细、全面检查自己的仪容、仪表以及培训环境，确保仪容、仪表和培训环境整洁。

（2）自然

自然是指跨界培训师在课堂上要做到落落大方。这个"落落大方"主要体现在三个方面。

一是着装自然。跨界培训师首先应做到着装自然，大方得体，即要选择适合自己的体型、颜色、款式、材质的着装。

二是神态自然。跨界培训师在开展培训课程的时候应做到神态自然，即精神和容态要做到非常轻松自若，而不是紧张不安，这样很容易让学习者认为培训师不自信，不利于跨界培训师塑造专业形象。

三是体态自然。体态自然是指跨界培训师在课堂上的言行举止表现自然、轻松，例如不要一直僵硬站在讲台前或镜头前，而是要用适当的肢体语言传达情感和信息。

（3）互动

礼仪原则中的"互动"是指跨界培训师的一言一行一定要被学习者接受。互动礼仪主要体现在课堂上的互动。课堂互动又分为两种情况，一个是线下互动，一个是线上互动。

线下互动是指跨界培训师在传统课堂上与学习者进行的互动。在传统课堂上，跨界培训师与学习者处于面对面交流的一种状态，在这种状态下，跨界培训师的一言一行都必须表示对学习者的尊重，要让学习者感到舒适、亲切，这样才能提升课堂互动效果。

线上互动主要是指跨界培训师在线上与学习者进行的互动，例如直播授课、短视频授课。开展线上培训时，跨界培训师虽然不与学习者面对面交流，但是也要掌握一些互动礼仪，如在直播培训开播的时候热情地与学习者打招呼，在直播的过程中时刻关注学习者在直播间的留言和提问，并给予及时反馈。

线上互动有时候比线下互动更重要，因为一些进入直播间的学习者很容易因为培训师没有与他们进行互动而选择退出直播间或关掉视频，但是传统课堂上一般不会出现这种情况。所以，跨界培训师采取线上培训方式时更要注重与学习者的互动。

整洁、自然和互动是塑造礼仪形象的基本原则。跨界培训师也许在日常生活中能够遵循其中的某个原则，但是为了进一步塑造专业形象，跨界培训师还应认真、深入学习这 3 个礼仪原则。

3.3.2　自我介绍的礼仪标准

有一些跨界培训师认为自我介绍是一件很简单的事情，因为在生活或工作中经常需要进行自我介绍，就是告诉对方"我是谁"。自我介绍的确不是一件困难的事情，但是对于跨界培训师而言，自我介绍的作用不仅是让学习者知道自己叫什么名字，更重要的是要向学习者展示自己，与学习者建立初步的情感连接。这样才能给学习者留下良好的印象，也对接下来展开培训工作有极大的帮助。所以，跨界培训师应改变对"自我介绍"的简单认识，并认真学习自我介绍的礼仪标准。

（1）自我介绍的态度

态度往往决定了一切，跨界培训师在进行自我介绍时首先要保持一个良好的态度。一个良好的态度具体体现在以下几点，如图 3-17 所示。

自我介绍的态度	
1	要自然、友善、亲切、随和，应镇定自信、落落大方、彬彬有礼，既不能胆小怯懦，也不能轻浮夸张
2	要热忱、积极，这样才能感染学习者
3	语气要恰当、自然，语速适中，吐字清晰，发音准确
4	善于用眼神交流，要面带微笑

图 3-17　自我介绍的态度

良好的态度能够向学习者传达热情和真诚，当学习者感知到这种情感，会更愿意认真倾听跨界培训师自我介绍的具体内容。

（2）自我介绍的具体内容

自我介绍的内容一般包括姓名、籍贯、职业、职务、工作单位或住址、毕业学校、经历、特长或兴趣等。但是跨界培训师在进行自我介绍的时候并不一定要将这些内容全部介绍出来，可以根据实际情况选择性介绍。重点是要将一些能够体现自己价值、吸引学习者的内容介绍给学习者，让学习者直观地看到你的能力和实力。例如，"我是某某，毕业于某某大学管理系，获得了硕士学位。现任世界 500 强企业市场部门总监，已有三年的部门管理经验。"

此外要注意的是，自我介绍的内容必须实事求是、真实可信，不可杜撰任何信息，需经得住学习者的推敲和审视。不要夸大其词，一般不用"第一""最"等表示极端赞颂的词，也不要过分低调或贬低自己，这都会影响自我介绍的效果。

（3）自我介绍的时间

自我介绍的时间不宜过长，时间过长会让学习者认为你在刻意吹捧自己，可能会降低跨界培训师在学习者心中的良好形象。时间也不宜过短，时间过短无法向学习者充分地介绍自己，进而无法在学习者心中留下深刻的印象。所以自我介绍应言简意赅，时间以三分钟为佳，不宜超过五分钟。

在掌握了自我介绍的礼仪标准后，跨界培训师可以通过对镜练习自我介绍的礼仪。

从某种意义上说，自我介绍是跨界培训师跨入培训行业以及走进学习者心里的一把钥匙，更是塑造礼仪形象和展示自身价值的一种有效的方法。这把钥匙用得好，便可以为跨界培训师的跨界之路助一臂之力，反之则会给自己的培训工作带来负面影响。所以，跨界培训师不能简单地认为自我介绍只是简单地告诉学习者"我是谁"，而应认真学习并掌握自我介绍的礼仪标准。

3.3.3　课堂注视的礼仪标准

　　课堂注视礼仪是一些跨界培训师比较陌生的一种礼仪，因为一些跨界培训师并没有线下课堂教学的经历，很少需要注视很多人。但是成为跨界培训师后，如果采取传统授课方式展开培训工作就要同时面对几十名、甚至几百名、上千名学习者，采取视频或直播形式也要面对镜头，这时候"眼睛"就会成为最重要的教学"工具"之一。用恰当的眼神注视学习者可以更好地辅助跨界培训师传达情感和信息，进而可以提升培训效果。

　　跨界培训师需掌握课堂注视的礼仪标准，如图 3-18 所示。

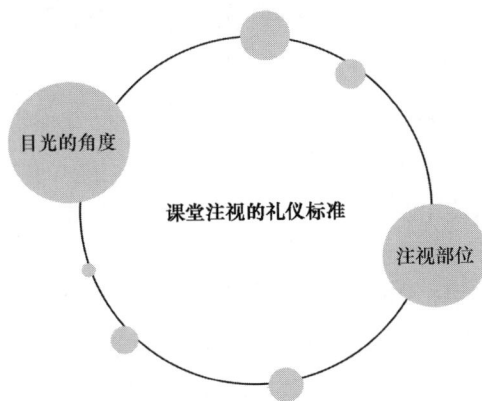

图 3-18　课堂注视的礼仪标准

（1）目光的角度

　　在注视学习者时，目光的角度往往意味着跨界培训师与学习者的亲疏远近。注视他人的角度通常有三种：平视、仰视和俯视。在培训课堂上，跨界培训师应采用平视和俯视两种角度注视学习者。

　　平视，即视线呈水平状态的注视，也是我们常说的正视。一般适用于普通场合的交流与对话，或是身份、地位基本平等的人与人之间的对话，如同事之间的交流，同学之间的谈话。跨界培训师通过视频形式或者直播形式授课时，也可以采用平视的目光，这样可以给学习者一种很亲近的感觉，能够增进彼此之间的情感。

　　俯视，即抬眼向下注视他人。一般用于身居高处之时。这种目光可以表示对晚辈的怜爱、宽容，也可以表示对他人的轻蔑、不屑。在日常生活中这种目光应慎用，但是跨界培训师可以采用这种目光与学习者交流。因为跨界培训师在传统授课中因多处于位置比较高的讲台之上，不自觉就会用俯视的目光。这种目光一是可以更好地观察学习者，二是可以利用这种俯视的目光建立威信。

虽然俯视的目光有一定的作用，但是建议跨界培训师多采用平视的目光，因为平视的目光更能传达亲切感。

（2）注视部位

注视部位也是课堂礼仪中比较重要的内容，因为注视的部位不正确很容易让学习者感到不适，进而影响培训的效果。

目光所及之处就是注视部位。正常情况下，跨界培训师不宜将视线长时间固定在所注视的位置上尤其是某个学习者身上。因为对方会本能地认为，过分地被注视是在窥探自己内心深处的隐私。所以，跨界培训师在讲课时应适当地将视线从固定的位置上移动片刻。这样才能让学习者身心放松，认真地听讲。

当然，跨界培训师在课堂上提问学习者或与学习者单独探讨学习内容的时候应注视学习者的眼睛，但是也不宜长时间盯着学习者的眼睛，可以在眼睛与鼻子中间的位置移动。这样才能既表示尊重，又不会让学习者感到不自在，更利于课堂互动。

掌握课堂注视的礼仪标准可以帮助跨界培训师更正确地使用目光语言，进而能更好地传达情感，传递信息，增强情感连接。所以，课堂注视礼仪也是塑造礼仪形象的重点工作，是跨界培训师应认真学习并掌握的礼仪标准。

3.3.4　课堂微笑的礼仪标准

知名小说家马克·吐温（Mark Twain）曾说："人类确有一件有效武器，那就是笑。"微笑是人际交往中最基本、最常用的礼仪，能够起到传达友好信息，传递情感，征服对方的积极心理效应。所以在实际的人际交往中，人们都喜欢与面带微笑的人接触、交往。跨界培训师要想更受学习者欢迎、喜爱，就需要学习课堂微笑的礼仪标准。

（1）亲和力"三笑"

亲和力"三笑"，即眼睛笑、嘴巴笑、眼神笑。简单的理解就是发自内心的微笑，只有发自内心的微笑才能自然地调动人的五官：眼睛略眯起，嘴角上扬、唇不露齿，眼睛有神、传达微微笑意。这样的微笑才能够让学习者感到亲切，才能打动人心。

具体来说，亲和力"三笑"对面部特征有以下要求，如图3-19所示。

跨界培训师可以采取对镜练习的方式不断地调整面部特征，慢慢地就能做到亲和力"三笑"。

面部	神态：柔和、深情，能够给学习者带去温暖的感觉
	情绪：愉快、积极，让学习者感到开心
	精神：热情、饱满，让学习者感到自在、放松
	肌肉：放松、自然拉动，给学习者带去亲切的感觉
眼部	神情：发自内心微笑，真情流露
	目光：目光有神，含有微微笑意
	眼睛：略微眯起
嘴部	牙齿整齐、洁白的可以尽量露出6颗牙齿。牙齿不整齐的尽量不要露齿笑
	嘴角微微上翘，形成自然的角度

图 3-19　亲和力"三笑"对面部特征的要求

（2）微笑要适度

课堂上要求跨界培训师要面带微笑，但并不是说要全程必须保持微笑。微笑也要适度，即在该微笑的时候微笑，在该严肃的时候严肃。过度微笑容易让学习者认为跨界培训师不专业、不认真。

通常来说，跨界培训师在自我介绍、提问学生或与学生进行简单的探讨时应面带微笑，讲课时则应当严肃、认真，以更好地传达自己的专业态度。

课堂微笑的礼仪标准其实很简单，就是发自内心地微笑，以传达情感，拉近与学习者之间的距离，增进彼此之间的情感连接，为接下来的培训工作做好情感铺垫。

3.3.5　课堂互动的礼仪标准

课堂互动是跨界培训师与学习者展开互相交流，共同探讨，互相促进的一种教学形式。有效的课堂互动可以增进培训师与学习者之间的情感，提升培训效果。

有效的课堂互动的前提一定是建立在课堂互动的礼仪之上。如果跨界培训师不懂课堂礼仪，那么他们可能在与学生互动的时候问题百出，导致学习者不愿意与培训师积极互动。例如，用手指着学习者，让学习者认为培训师不尊重自己，或者在学习者表达自己的想法时不时地打断对方等，这些问题都会影响课堂互动效果。

为了确保互动效果，提升培训效果，跨界培训师必须掌握课堂互动礼仪。在"礼仪原则"的"互动原则"中我们提到课堂互动分为两种情况，一个是线下互动，一个是线上互动。下面按照这两种情况对课堂互动的礼仪标准展开具体介绍。

线下互动的礼仪标准如图 3-20 所示。

	线下互动的礼仪标准
1	用普通话与学习者交流，多用敬语"请"。例如"请某某同学回答一下这个问题。"
2	不要用手指着学习者，尤其是中指，这是对学习者的不尊重。手势的基本要求是：手指伸直并拢，手与手臂成一条直线，肘关节自然弯曲，掌心向斜上方
3	目光关注每一位学习者，不嘲讽学习者，不挖苦学习者，不侮辱学习者的人格，不对学习者进行体罚
4	讲课时不坐着、不靠着，也不要来回走动。如果是坐着不要抖动腿部
5	注意克服手爱动的习惯
6	避免做脸上动作，如表示不满的时候皱眉
7	不要不给学习者讲话的机会
8	认真、耐心倾听学习者发言，不要打断学习者的话题
9	不要轻率下断言，尤其是否定学习者

图 3-20　线下互动的礼仪标准

线上礼仪的互动标准，如图 3-21 所示。

无论是线下互动还是线上互动，礼仪标准的核心都是要尊重学习者，让学习者感到被重视，这样他们才会更认真地听课，学习知识和技能，培训效果才能得到提升，跨界培训师的价值才能得以体现。所以，跨界培训师要学习并掌握课堂互动的礼仪标准，并将这些礼仪标准运用到实际的培训课堂中。慢慢地，跨界培训师会发现这些看似不经意的礼仪，能够打动学习者，增强学习者的黏性。

	线上互动的礼仪标准
1	直播授课或音频授课时用普通话与学习者交流
2	直播授课、音频授课或视频授课开始时应有问候语，结束时应有结束语
3	不嘲讽学习者，不挖苦学习者，不侮辱学习者的人格
4	直播授课或视频授课时不坐着、不靠着，也不要来回走动
5	直播授课或视频授课时要避免各种小动作
6	直播授课或视频授课时要准确、适度使用手势等体态语言
7	认真、耐心倾听或者查看学习者的留言、评论，并给予及时反馈
8	不要轻率下断言，尤其是否定学习者

图 3-21　线上互动的礼仪标准

　　从定义上简单来看，跨界培训师是从一个身份、职业等跨界到另一个身份、职业的人，但是真正意义上的跨界培训师不仅仅是身份、职业等的跨界，还是外在形象、声音形象以及礼仪形象的整体跨界，是一言一行的跨界。只有这样的整体跨界，才能更完整地展示跨界培训师的专业形象。专业形象立住了，接下来的跨界培训之路才能走得更加顺畅。

第 4 章
课程开发：
打造跨界培训的核心竞争力

　　课程开发可以说是跨界培训师展开培训工作的第一步。课程开发的质量往往决定了课程呈现的效果，课程呈现的效果又决定了培训的效果。所以，跨界培训师应掌握课程开发的相关技巧和策略，打造跨界培训的核心竞争力。

4.1　如何定义一堂好课

无论是线上培训还是线下培训，开发一堂好课的前提是跨界培训师要清楚"什么是一堂好课"。只有明确一堂好课的定义，才能以此为目标开发优质课程，为跨界培训夯实基础。

通常来说，一堂好课的定义是理念要新、目标要明、设计要精、流程要畅、方法要当、目的要到。

4.1.1　一堂好课的设计理念

设计理念是指跨界培训师在课程构思过程中所确立的主导思想，它赋予了一堂课的内容和特点。好的设计理念至关重要，不仅是课程设计的精髓所在，还能令整堂课呈现出个性化、专业化的效果。所以，跨界培训师在设计课程之前应树立好的设计理念。

简单地说，一堂好课的设计理念是好的内容、好的培训师、好的方法、好的效果以及好的感受，如图 4-1 所示。

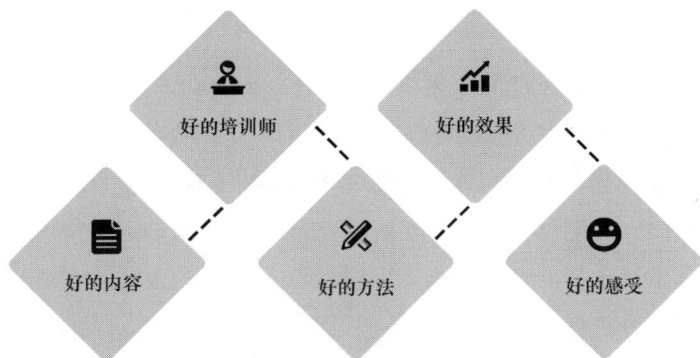

图 4-1　一堂好课的设计理念

（1）好的内容

内容是一堂课的核心，是留住学习者的关键要素，更是跨界培训师的能力和实力的体现。

好的内容具有以下几个特征。

一是针对性。针对性是指能够帮助学习者针对性解决某类问题，提升某方面的能力。

二是目的性。目的性是指课程内容不是泛泛而谈，而是围绕培训目标设计的，能够满足学习者的需求。

三是实用性。培训内容的实用性是指课程内容中提供的方法和策略实操性较强，能够帮助学习者解决实际问题。

（2）好的培训师

好的内容必须配备好的培训师。只有好的培训师才能采取合适的教学方式和技巧，成功地将好的内容分享、传授给学习者，让学习者能够更好地理解并吸收知识和技能。所以，一堂好课的设计理念中一定不能缺少一位好的培训师。

好的培训师主要有以下两个特征。

一是形象好。在第三章的内容中我们详细、具体阐述了跨界培训师专业形象的重要性，包括外在形象、声音形象和礼仪形象。这些的专业形象也是好的培训师的主要特征。

二是表现好。这个表现好体现在很多方面，主要是指跨界培训师懂得采取合适的教学方法高效地向学习者分享、传授知识，并能够帮助学习者理解、内化这些知识。

（3）好的方法

方法是指跨界培训师在培训过程中运用的教学方式和手段，方法的好坏往往决定了培训效果的高低。好的方法主要有以下两个特征。

一是适合课程内容。不同的教学方法适合不同的课程内容，所以只有当教学方法与课程内容适合时，才能称之为好的方法。为此，跨界培训师应仔细研究课程内容的特性，然后据此选择合适的教学方式。例如，理科类的课程内容因逻辑性比较强应多采用演绎、推理等方法教学，文科类课程因概念性比较强应多采用案例分析、故事解析等方法教学。

二是符合学习者的喜好。不同的类型的学习者喜欢的教学方法也不同，好的方法一定是符合学习者的喜好，能够激发学习者参与到学习中。所以，在设计课程时跨界培训师应深入了解学习者的喜好，并在实际的培训工作中做到"因材施教"。

（4）好的效果

培训效果的好坏直接决定了培训工作的成功与否，因此一堂好课必定是能够产出好的效果的课程。好的效果主要体现在以下两个方面。

一是学习者能有效接收知识，并且能够深刻理解、快速内化知识。

二是学习者掌握了相关的技巧和工具，懂得如何将所学知识投入实际运用，帮助自己解决实际的问题。

为了更全面地了解培训效果，跨界培训师除了在课堂上根据学习者的反馈及时跟踪之外，还要在培训结束时做好培训效果评估的工作。

（5）好的感受

好的感受可以理解为好的课堂体验。在精神需求日益强烈的时代，比起内容和效果，一些学习者更在乎课堂体验感。好的课堂体验也决定了学习者是否会继续留下来学习该培训师的课程。所以，一堂好课一定不只是"传道受业解惑"，还要做好课堂管理，提升学习者的课堂体验，让学习者享受学习，喜欢学习。

跨界培训师可以通过以下几个渠道了解全媒体时代的学习者对课堂体验有什么样的需求。

一是网络。全媒体时代学习者会将自己对课堂体验的一些需求发布在一些自媒体平台，或者会在一些培训平台留言，跨界培训师可以通过这些渠道获取相关信息，了解学习者需要的课堂体验。

二是与学习者沟通。跨界培训师可以通过提问的方式了解学习者对课堂体验的需求。例如，"除了常规的讲课外，你希望课堂上有哪些互动？"

三是关注评分、口碑比较好的课程。评分、口碑较好的课程往往是课堂体验比较好的课程，所以跨界培训师也可以关注一些评分、口碑比较好的课程，然后分析、总结其课堂经验，并学习、借鉴。

只有当内容、培训师、方法、效果和感受都好的时候，才能将该堂课称之为一堂好课。

4.1.2　设计一堂好课的六大原则

任何事情都遵循一定的原则，设计一堂好课也是如此。通常来说，设计一堂好课应遵循以下六大原则，如图 4-2 所示。

图 4-2　设计一堂好课的六大原则

（1）系统性

一堂课的系统性包括两个方面：一是整堂课的系统性；二是课程内容的系统性。

整堂课的系统性是指一堂课的设计应包括开场设计、授课现场设计以及课程结束设计。这种系统性的设计才能让一堂课看起来更加完整，能够进一步提升培训效果。

课程内容的系统性是指围绕课程主题展开的培训内容是完整的，例如介绍销售方面的知识和技能时，应先介绍销售的基本概念，然后介绍为什么要掌握销售方面的技能，最后给出具体、可实操的提升销售能力的方法和策略。这种课程内容就是系统的。

整堂课的系统性可以使跨界培训师有条不紊地展开培训工作，课程的系统性则有利于学习者更加深入、全面地学习、理解和内化相关知识和技能，所以系统性是设计一堂好课应遵循的首要原则。

（2）逻辑性

逻辑性主要是指按照一定的逻辑顺序展开课程内容。简单地理解，逻辑性就是线性思维，如从过去到现在，从大环境到小环境。正常来说，有逻辑性的课程更利于学习者理解、内化课程内容。

因课程内容不同，课程设计的逻辑也不同，但是常规的课程设计一般遵循以下几个逻辑。

一是问题分析法。确定课程需要解决哪些问题，然后从问题着手设计整个课程的框架。例如，成为一名跨界培训师的逻辑思路是解决三个问题，即"什么是跨界培训师""为什么要成为跨界培训师""如何成为跨界培训师"。总结来说，问题分析法就是一个公式：**是什么？为什么？怎么做？**

二是时间进度法。时间进度法是以课程主题的展开时间作为逻辑思路，例如，门店销售的思路是进店、沟通、谈价、成交、回访，门店销售相关技能的课程就可以按照这个思路设计。

三是大小分析法。大小分析法是指从大的方面开始介绍，再介绍小的方面。例如，针对"美业店院的转型和发展之路"的思路就是先分析整个美业的现状，然后再分析具体的美业店院的经营现状，最后可以抛出一个问题：在这样的现状下，美业店院要如何转型、发展？通常来说，**大小分析法都是先分析大环境，再分析小环境。**

以上三种逻辑可以单独使用也可以组合使用，前提是确保每个章节、每段话、每句话之间都有一定的逻辑性，即由前面的内容可以推导出后面的内容，内容之间是连贯的。这样才能体现课程的逻辑性。

（3）理论性

理论是从实践中总结、提炼出来的，最终也是用来指导实践的。换句话说，理论是展开实践的基础。所以，无论培训课程的具体内容是什么，首先必须向学习者传达相关理论性的知识，让学习者掌握基础概念。在此基础上，学习者才能正确地实践，能力才能得以提升。

（4）针对性

针对性在第 4.1.1 节 "一堂好课的设计理念" 中有提及，在此再次强调，课程内容具有针对性主要表现在是为学习者量身打造的，能够帮助学习者解决实际问题，满足学习者的学习需求。

例如，学习者的培训需求是提升沟通能力，那么课程的重点应是 "如何提升沟通能力"，而不是 "门店销售技巧"。

（5）实战性

实战性，是指跨界培训师分享、传授的知识和技能的实操性较强，学习者学完之后可以在实际工作或生活中直接应用，且能够帮助自己解决一些实际问题，提升自己在某个方面的能力。

例如，提升团队成员工作干劲的技巧是不断寻找机会重温团队使命、定期组织团队活动。对于团队管理者而言，这两个方法都可以在实际工作中直接应用，而且可以产生实际效果。

（6）灵活性

灵活性是指课程的内容以及讲解课程的形式都不是固定的。跨界培训师应懂得根据具体的培训内容、学习者的实际需求以及其他情况，灵活地调整课程内容和开展课程的方式。跨界培训师只有懂得灵活多变，不断地调整、优化课程，才能改进问题，提升课程质量以及培训效果。

一堂好课从来不是单一的，而是集系统性、逻辑性、理论性、针对性、实战性、灵活性于一体。所以，无论是线上培训还是线下培训，跨界培训师在设计课程的时候都应遵循以上六大原则，且不可忽视任何一个原则。

4.1.3　一堂好课的六大要素

究竟什么样的课才能算得上一堂好课呢？通常来说，真正意义上的一堂好课应当包含以下六大要素，如图 4-3 所示。

图 4-3　一堂好课的六大要素

（1）目标和任务

目标和任务是指在培训课程设计的各要素中或培训课程教学实践中必须要有明确的目标和任务，并要求学习者在课程学习结束后，可以应用在课堂上学习的知识或技能去完成学习任务，达成课程目标。这样可以形成"任务驱动教学"的良好循环效果，即目标或任务可以驱动学习者积极地参与学习，并将所学的知识和技能投入实践，进而完成任务、达成目标。这种良好的循环效果可以进一步提升培训效果，所以一堂好课必定有明确的目标和任务。

（2）知识或原理

知识或原理是指在培训课程设计的各要素中或培训课程教学实践中必须有对完成学习任务或作业有指导作用的知识、原理等基础理论。只有在知识或原理的支撑下，学习者才能更好地理解、内化知识，进而才能完成学习任务。

（3）活动

活动是指在培训课程设计的各要素中或培训课程教学实践中，为加强学习者对知识的理解、技能的掌握、方法的运用以及价值观的体验，而开展的一系列的教学活动。通常，跨界培训师可以利用讨论、头脑风暴、情景模拟、世界咖啡等互动方式，开展一个"多元互动"的教学游戏、教学体验等教学活动，让学习者更好地体验和实践所学的知识和技能。

（4）案例

案例是指在培训课程设计的各要素中或培训课程教学实践中，为了使学习者能够独立思考或与团队成员展开积极交流，从而学会真正地主动思考、寻找解决实际问题的办法，跨界培训师应当在课程培训中安排一些真实的案例，并要求学习者围绕案例进行分析和讨论。

对案例进行分析和讨论不仅可以引导学习者主动、积极思考解决实际问题的方法，还可以在一定程度上激发学习者的学习兴趣，进一步提升培训效果。

（5）故事

故事是指在培训课程设计的各要素中或培训课程教学实践中，为了提升课程的趣味性、增强课程的吸引力，跨界培训师应在培训课程中讲解一些与课程内容相关且富有哲理的故事。

（6）工具或方法

工具或方法是指在培训课程设计的各要素中或培训课程教学实践中，为了使学习者能够在离开课堂以后学以致用，增加学习者的学习获得感，跨界培训师在培训中应专门设计相关的应用工具或方法供学习者参考使用。

以上六大要素是从各个角度提升培训效果，以帮助跨界师能够为学习者呈现真正的一堂好课。

4.1.4　一堂好课的设计流程

在树立新的设计理念，明确一堂好课应遵循的六大原则和应包含的六大要素的基础上，跨界培训师便可以按照一定的流程着手设计一堂好课。无论是线上培训还是线下培训，其课程设计流程都是差不多的。具体来说，一堂好课的设计流程具体包含以下几个步骤，如图 4-4 所示。

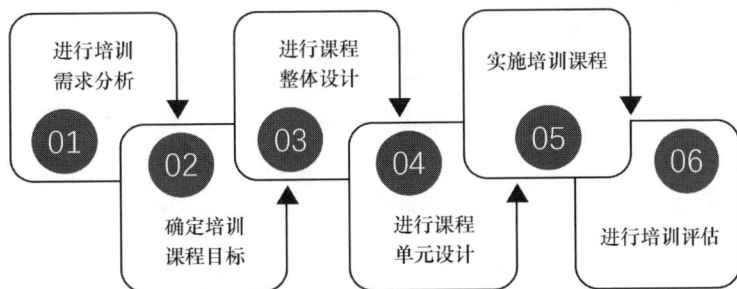

图 4-4　一堂好课的设计流程

（1）进行培训需求分析

培训需求分析是设计一堂好课的前提条件。只有明确学习者的需求，才能围绕学习者的需求设计一堂好课。抛开培训需求谈课程设计属于伪命题。

什么是培训需求？

培训需求＝要求具备的－现在已有的，如图4-5所示。

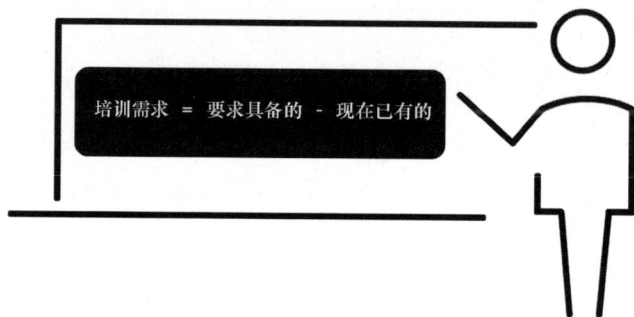

图4-5　培训需求

例如，学习者要求具备的是销售方面的知识和技能，现有的是会简单地与客户沟通，这两者之间的差距就是学习者的培训需求。

具体来说，跨界培训师可以采用以下几个方法深入分析学习者的培训需求，如图4-6所示。

图4-6　需求分析的方法

一是问卷调查法。问卷调查法是指跨界培训师以问卷的形式对学习者的培训需求进行调查，例如"您喜欢哪种培训方式""您喜欢哪种讲授方法"等。问卷调查法可以更广泛地搜集学习者的意见，利于深入、全面分析不同学习者的培训需求，如表4-1所示。

表 4-1　培训需求问卷调查表

培训是提升个人能力的重要途径，为了让培训能够更好地与实际工作和生活结合起来，希望您可以真实表达培训需求 　　　　　　　　　　　　　　　　　　　　　　　　　××××年××月××日					
姓名		性别		专业	
部门		职位		学历	
您认为培训对于自身发展的作用		□开阔视野 □提高技能 □增加知识……			
您喜欢哪种培训方式		□课堂讲授 □线上培训			
您喜欢哪种讲授方法		□传统讲授 □知识分享 □互动引导			
您喜欢哪种内容呈现形式		□视频 □音频 □图文			
您认为您对培训的需求大吗		□很多 □大 □一般 □很小 □小			
…………		…………			
您在工作中还欠缺哪方面的知识和技能					
您对个人未来发展有什么规划（短期/中期/长期）					

　　跨界培训师可以参考表 4-1 制定培训需求问卷调查表，表格中的具体内容应根据跨界培训师的调查目的而定。

　　二是访谈法。访谈法是指跨界培训师与学习者面对面地交流来了解学习者培训需求的一种方法。跨界培训师同样可以通过提问的方式询问学习者的培训需求，而且面对面交流更容易获得一些更加真实的答案。具体可以参考表 4-2 所示内容。

表 4-2　培训需求访谈记录表

问：您在工作或生活中还欠缺哪些方面的知识和技能	答：沟通技能
问：您认为需要通过一些培训课程提升沟通技能吗	答：非常需要
问：您希望通过什么样的形式参与培训	答：线上，因为我平时工作比较忙，只有晚上有时间在线学习
问：您喜欢哪一种内容呈现方式呢	答：音频，我喜欢边忙自己的事边听课
…………	…………

跨界培训师可以参考表 4-2 中的问题与学习者展开访谈，具体提出什么问题，如何顺利地展开访谈应根据跨界培训师的调查目的而定。

三是观察法。观察法是指根据跨界培训师以进行需求分析为目的，用自己的感官或辅助工具直接观察学习者，从而了解他们的培训需求。例如，跨界培训师可以在线搜索相关论坛，从学习者的留言和评论中观察他们的学习需求。

四是测试法。测试法是指跨界培训师可以采用标准化的测试方法，对学习者的培训需求进行测试。例如，制定一套与课程内容相关的测试卷，然后根据学习者答题的准确率判断学习者的培训需求。

以上 4 种方式可以单独使用，也可以组合使用，重点在于深入挖掘、分析学习者的培训需求。

（2）确定培训课程目标

培训课程的目标是说明学习者培训应达到的标准。根据培训的目的，并结合上述需求分析的情况，便可以形成培训课程目标。

培训课程目标描述有以下几个特点，如图 4-7 所示。

图 4-7　培训课程目标描述的特点

具体化是指要用具体的语言清楚地说明学习者应达成的行为标准，而不能模棱两可。例如，"提升学习者的谈判能力"这对目标的描述就不具体，因为提升学习者的谈判能力有很多方面，而"掌握四大谈判技巧……"就比较具体了。

可衡量是指培训课程目标可数量化或行为化，验证这些数据或信息的时候是可以获得的。例如，"进一步提升学习者的家居收纳整理能力"，可以改为"学习者应完成家居收纳全部课程的学习，学习者平均分数在 85 分以上为培训效果理想，85 分以下为培训效果不理想"。

可实现是指学习者在通过自身努力的情况下可以实现课程目标，因此应避免设立过高或过低的目标。

（3）进行课程整体设计

课程整体设计是指搭建一个整体框架，包括课程开场设计、授课现场设计、课程结束设计等。

（4）进行课程单元设计

课程单元设计是在课程整体设计的基础上进行的，具体应确定每一单元的授课内容、授课方法、授课案例及其他授课材料（游戏、音乐）的过程。

课程单元设计的优劣直接影响培训效果的好坏和学习者对课程的评估。所以，跨界培训师在进行课程单元设计的时候应投入更多的时间和精力。

（5）实施培训课程

很多时候，即便跨界培训师明确学习者的培训需求，设计好培训课程，也并不意味着培训一定能成功。因为培训成功的关键还在于跨界培训师在实施培训的过程中，懂得运用适当的培训方法展开培训工作。

采取线下方式培训时，跨界培训师应根据课程内容准备相关课件、教具以及互动教学活动，以更加顺利地实施培训课程。

采取线上培训时应根据内容呈现形式做好相关准备，例如视频培训就要制作视频，音频培训要录制音频，图文培训要制作图文。只有充分做好相关准备，跨界培训师才能更加顺利地实施培训课程。

除此之外，无论是线上培训还是线下培训，跨界培训师都应根据课程内容和学习者喜好选择合适的培训方式展开培训工作，并且要做好环境管理和教具管理，这些都是影响课程实施的关键要素。

（6）进行培训评估

进行培训评估是设计一堂好课的最后一个流程，也是最为关键的一个流程。因为只有进行培训评估才能帮助跨界培训师找出课堂上的优势和劣势，才能在下次设计课程的时候"取其精华去其糟粕"，不断地优化设计流程和课程内容，提升培训效果。

跨界培训师可以按照以上介绍的流程设计一堂好课。但是，一堂好课的设计流程并不是固定的，跨界培训师可以根据实际情况不断优化、调整流程，以设计出更能满足学习者需求的课程。

对于从不同身份、职业跨界而来的培训师来说，在进行课程开发的时候千万不要急于求成，而是要先明确"什么是一堂好课"，然后在此基础上精心研究、设计。这样才能确保开发出来的课程是优质的，能够满足学习者的需求，帮助他们解决实际问题。

4.2 课程开场设计技巧

好的开场意味着课程成功了一半。一个好的开场应达到 3 个目的——拉近距离、建立信赖、引起兴趣。这样才能让跨界培训师与学习者之间产生连接，让学习者与课程之间产生连接，进而促进课程顺利地开展。

具体来说，好的课程开场一般遵循 GLOSS 原则：G（Get attention）引起注意—课程导入、L（Link with）联系实际—应用情景、O（Outcome）明确的课程目标、S（Structure）清晰的内容框架、S（Stimulate and motivate）激励参与—引起共鸣。

4.2.1 G：引起注意—课程导入

课程开场设计应遵循的第一个原则是引起注意—课程导入。

优秀的课程一定是一开场就能抓住学习者的眼球，吸引学习者的注意力，为导入课程铺垫。课程开场的时候，跨界培训师可以采取以下几种方式引起学习者的注意，如图 4-8 所示。

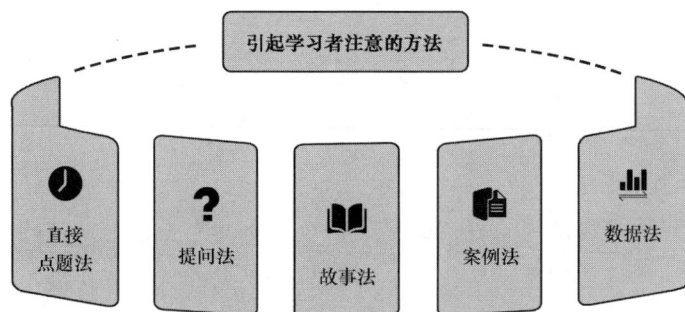

图 4-8 引起学习者注意的方法

（1）直接点题法

直接点题法是指课程一开场的时候就直接点明本次课程的主题，让学习者清楚本次课程主要学习哪些内容。学习者参加培训的主要目的是学习课程内容，所以一开场就点明主题能够在一定程度上吸引学习者的注意力。

（2）提问法

提问本身就是引起学习者注意的一种有效方式，所以跨界培训师可以通过提问的方式开场。

例如，"你们希望通过这次培训课程收获什么？"

（3）故事法

人天生喜欢听故事，所以跨界培训师在课程开场的时候可以通过讲故事的方式引起学习者注意。跨界培训师可以讲与自己有关的故事，也可以讲与培训内容相关的故事。无论讲哪一种故事，故事都应与课程内容存在一定的相关性，这样才利于跨界培训师导入课程。此外，故事一定要真实有趣，否则也无法吸引学习者。

例如，"我刚接触这个行业的时候也跟你们一样，我记得那个时候……"

（4）案例法

案例法是指运用一些典型的案例介绍与培训内容相关的信息，引起学习者的注意。跨界培训师可以列举一些过往的学习者通过培训取得成就、成绩，这样可以展示跨界培训师的能力，引起学习者的注意。此外，也可以列举一些在领域内取得一定成就和成绩的名人，这样不仅可以引起学习者的注意，还可以激励学习者更加积极地投入培训课程的学习中。

（5）数据法

数据法是指利用数据展示与培训相关的内容。

数据可以是参与培训师课程的人数。例如"目前为止，已经有 5 000 人参与过我的培训课，且都取得了一定的成效"。也可以是一些与培训内容相关的数据，例如"家居整理收纳师在未来两年的岗位需求将达到 2 万人，年收入将超过 15 万元"。

无论如何，列举的数据一定要能够展示跨界培训师的能力或课程的价值。这样的数据才具备一定的吸引力，能够引起学习者的注意。

课程能否顺利地往下推进的关键，在于跨界培训师是否能在课程开场的时候引起学习者注意，激发学习者的兴趣。所以，跨界培训师在开场的时候就应学会采取合适的方式引起学习者注意，为推动后面的课程蓄能。

4.2.2　L：联系实际—应用情景

课程开场应遵循的第二个原则是联系实际—应用情景，如图 4-9 所示。这一原则主要是为了让学习者与课程之间产生连接，进一步激发学习者对课程的兴趣，促进课程更加顺利地展开。

L：联系实际—应用情景	
联系实际	学习者之前学过的相关知识
应用情景	介绍课程的实际应用情景

图 4-9　L：联系实际—应用情景

（1）联系实际：学习者之前学过的相关知识以及遇到的问题

联系实际是指跨界培训师在课程开场之前应将课程内容与学习者的实际情况联系起来，这个实际情况主要体现在两个方面。

一是学习者之前学过的相关知识。与学习者之前学过的相关知识联系起来，让学习者明确他们要如何结合自身情况学习课程，达到事半功倍的效果。

例如，"你们之前有没有接触过某某相关课程？接触过相关课程的同学可以介绍一下你们之前学习以及掌握的内容。"

跨界培训师了解学习者先前学习过的内容后还应将这些内容与课程结合起来，明确告诉学习者这两者之间的联系，以及他们要如何学习接下来的课程。

例如，"你们学习的内容是该领域的基础，在基础上我们再展开深入的学习，掌握一些相关的技巧和方法，就更能在该领域如鱼得水。"

还有一种情况是学习者完全没有接触过课程相关内容。遇到这种情况时，跨界培训师可以回答"虽然大多数人没有接触过这部分内容，但是这一点关系都没有。我的课程非常基础，非常适合你们这些对该领域了解不深的人……"

二是学习者遇到的实际问题。与学习者在实际生活或实际工作中遇到的问题联系起来，让学习者明确课程可以帮助他们高效地解决工作或生活中遇到的问题，从而激发学习者的学习兴趣和积极性。

例如，"你们在生活或工作中有没有遇到某某问题呢？"

当跨界培训师了解学习者存在某某问题时便可以将这些问题与课程结合起来，明确告知学习者通过学习课程可以解决这些问题。

例如，"你们所说的问题的确会影响生活 / 工作，但是不要紧，这期课程就是为解决你们的这些问题而定制的。"

将课程与学习者实际情况联系起来能够让学习者跟课程之间产生紧密连接关系，当学习者与课程之间产生更加紧密的连接时，他们对课程的学习兴趣也会油然而生，进而更加愿意积极主动学习课程内容。

（2）应用情景：介绍课程的实际应用情景

联系实际后，跨界培训师还可以进一步介绍课程的实际应用情景。这个环节主要是为了突出课程的实际价值，以进一步激发学习者的学习兴趣和愿望。

例如，"大家都是销售部门的管理者，相信你们一定希望通过规范团队工作流程，激发团队成员的工作干劲来提升管理效率和团队工作效率。本次课程主要就是围绕销售部门的工作流程和员工管理展开的，能够帮助销售部门的管理者解决一些实际问题，提升管理效率和员工工作效率。"

介绍应用情景可以更加直观地将课程的价值传递给学习者，当学习者看到课程价值后，他们便会"趋利避害"，积极投入到课程的学习中。

对于学习者而言，他们最关心的是课程内容与他们的关系，以及能够给他们带来的价值，所以跨界培训师在引起学习者注意后就应联系学习者实际情况，介绍应用场景，让学习者看到课程的实际应用价值。

4.2.3　O：明确的课程目标

课程开场设计的第三个原则是明确的课程目标。

在课程开场的时候跨界培训师应将明确目标传递给学习者，让学习者明确他们应当学习并掌握哪些知识和技能。这样做既可以为跨界培训师开展培训课程提供一个明确的方向，又可以为学习者指明学习方向，进一步保障培训的效果。

跨界培训师要想将明确的课程目标传递给学习者就要使用恰当的词语描述课程目标。不同的课程内容其描述目标的词语不同，跨界培训师应根据课程内容选择恰当的词语描述目标。

课程内容一般可以分为三种形式，分别是知识与技能、过程与方法、情感态度价值观。这 3 种内容形式应使用不同的词语描述课程目标，如图 4-10 所示。

图 4-10　不同的课程内容应采取不同的词语描述课程目标

（1）知识与技能

如果课程培训内容是介绍知识与技能，那么跨界培训师可以使用了解、理解、应用这类词描述课程目标。例如，"本期课程结束后，学习者应了解 ISD 模型的基本概念"，或者"本节课程结束后，学习者应理解 ISD 模型并掌握 ISD 模式在实际工作中的应用"。

了解、理解、应用这三个词都是比较笼统的用来描述课程目标的词汇，实际上还可以用更加具体的行为动词对这三个词进行细致的描述，将课程目标落实到学习者的具体行为上，如表 4-3 所示。

表 4-3 关于知识、技能的学习水平与行为动词

了解水平	再认识或回忆知识；识别、辨认事实或证据；举出例子；描述对象的基本特征等 例如，说出、背诵、辨认、回忆、选出、举例、列举、复述、描述、识别
理解水平	把握内在逻辑联系；与已有的知识建立联系；进行解释、推断、区分、扩展；提供证据；收集、整理信息等 例如，解释、说明、阐明、比较、分类、归纳、概述、概括、判断、区别、提供、把……转换、猜测、预测、检索、收集、整理
应用水平	在新的情景中使用抽象的概念、原则；进行总结、推广；建立不同情境下的合理联系等 例如，应用、使用、质疑、辩护、设计、解决、撰写、拟定、检验、计划、总结、推广、证明、评价

（2）过程与方法

如果课程内容介绍的是过程与方法，那么跨界培训师可以使用模仿、独立操作、迁移等词语描述课程目标。例如，"本期课程结束后，学习者应能够独立完成 ×× 操作。"

模仿、独立操作、迁移这三个词语也是比较笼统的用来描述课程目标的词汇，同样可以用更加具体的行为动词对这三个词进行细致的描述，将课程目标落实到学习者的具体行为上，如表 4-4 所示。

表 4-4 关于过程、方法的学习水平与行为动词

模仿水平	在原型示范的具体指导下完成操作；对所提供的对象进行模拟、修改等 例如，模拟、重复、再现、模仿、例证、临摹、扩展、缩写
独立操作水平	独立完成操作；进行调整与改进；尝试与已有技能建立联系等 例如，完成、表现、制定、解决、拟定、安装、绘制、测量、尝试、实验
迁移水平	在新的情境下运用已有的技能；理解同一技能在不同情境中的适用性等 例如，联系、转换、灵活运用、举一反三、触类旁通

（3）情感、态度和价值观

如果课程内容介绍的是情感、态度和价值观，那么跨界培训师可以使用感受、反应和内化描述课程目标。例如，"本期课程结束后，学习者应能够主动与同事交流，分享自己的工作心得"。

情感、态度、价值观这三个词语也是比较笼统的用来描述课程目标的词汇，同样可以用更加具体的行为动词对这三个词进行细致的描述，将课程目标落实到学习者的具体行为上，如表 4-5 所示。

表 4-5　关于情感、态度、价值观的学习水平与行为动词

经历（感受）水平	包括从事相关活动，建立感性认识等 例如，经历、感受、参加、参与、尝试、寻找、讨论、交流、合作、分享、参观、访问、考察、接触、体验
反应认同水平	包括在经历基础上表达感受、态度和价值判断；做出相应反应等 例如，遵守、拒绝、认可、认同、承认、接受、同意、反对、愿意、欣赏、称赞、喜欢、讨厌、感兴趣、关心、关注、重视、采用、支持、尊重、爱护、珍惜、蔑视、怀疑、摒弃、抵制、克服、帮助
领悟（内化）水平	包括具有稳定态度、一致行为和个性化的价值观念等 例如，形成、养成、具有、热爱、树立、建立、坚持、保持、确立、追求

明确的课程目标是开展课程的方向和灵魂，也是课程价值的具体体现，更是激励学习者积极学习的一种有效方式。跨界培训师可以参考以上提供的词语对课程目标进行描述。课程目标描述得越具体，越利于明确课程开展方向，促进目标达成。

4.2.4　S：清晰的内容框架

课程开场设计的第四个原则是清晰的内容框架。

清晰的内容框架好比一本书的目录，目录不仅可以让读者对整本书有大致的了解，还可以帮助读者更好地制订阅读计划。清晰的内容框架也是如此，不仅可以让学习者对课程内容有大致了解，还可以让学习者对接下来的学习进行更好地规划，如重点学习哪个部分的内容。

常见的内容框架有以下四种，如图 4-11 所示。

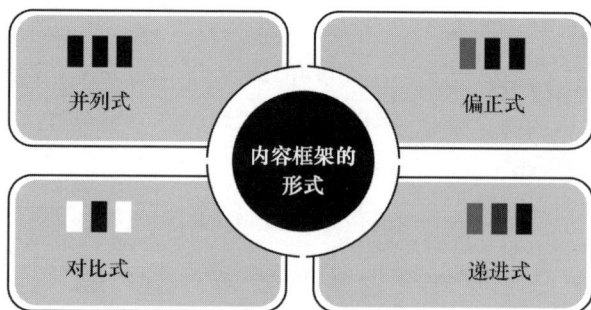

图 4-11　内容框架的形式

（1）偏正式

偏正式的内容框架是指各单元按照主次关系排列，通俗地说就是按照内容的重要性对课程各单元进行排序，如图 4-12 所示。

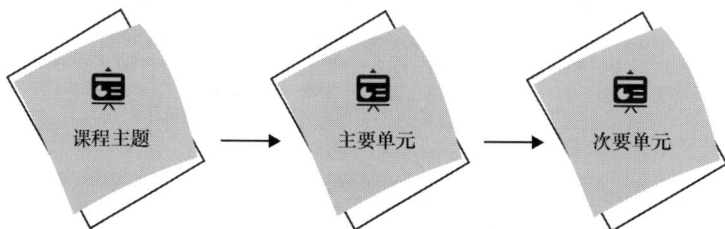

图 4-12　偏正式的内容框架

偏正式的内容框架主要特点是突出重点内容，让学习者明确前面的内容比较重要，需要花费更多的时间和精力学习。所以，如果课程内容的主次关系非常明显，那么跨界培训师在搭建内容框架时就可以采用这种框架。采用偏正式的内容框架时要明确告知学习者重点内容是哪些，便于学习者做好时间规划，使得学习者的时间价值最大化。

（2）递进式

递进式的内容框架是指各单元按纵深关系排列，或者说按照事物或事理的发展规律以及逻辑关系层层递进组织材料，层次之间是深化递进的结构方式。

递进式的内容框架的具体逻辑有以下三种：

一是从现象到本质的渐次深化，如图 4-13 所示。

二是从因到果的逐层递进，如图 4-14 所示。

三是从一般到特殊或从部分到整体等发展规律或关系逐渐推演，如图 4-15 所示。

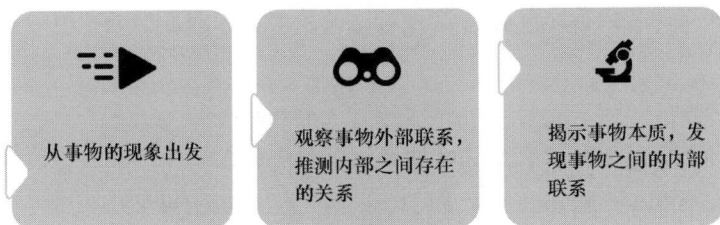

图 4-13　从现象到本质的递进式框架

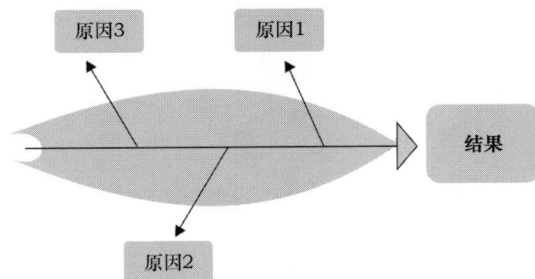

图 4-14　从因到果的递进式框架

图 4-15　从一般到特殊或从部分到整体的递进式框架

递进式的内容框架因富于逻辑效果，更适应学习者的接受习惯。因此，如果课程内容之间存在纵深关系或者有一定的发展规律，那么建议跨界培训师用递进式搭建内容框架。

（3）对比式

对比式的内容框架是指各单元按照对比关系排列。对比式的内容框架的重点在于突出其中某部分内容，通常会将重点放在后面。

例如，课程的核心内容是"教练式领导"，为了强调"教练式领导"的优势可以先介绍"传统领导"存在的弊端，然后介绍"教练式领导"。这种结构就是对比结构，能够突出后者的优势。

所以，如果课程内容之间存在这种对比关系，那么跨界培训师可以采用对比式搭建内容框架。

（4）并列式

并列式的内容框架是指各单元按照并列关系排列。并列式的内容框架主要特点是培训内容的各个部分之间并没有主次轻重之分，具体结构如图 4-16 所示。

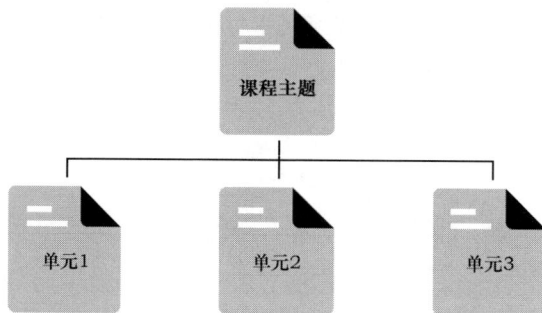

图 4-16　并列式的内容框架

如果课程内容之间主次关系不明显，也无轻重之分，那么跨界培训师可以采用并列式搭建内容框架。

无论采取哪一种形式搭建内容框架，都要呈现各部分内容之间的逻辑关系，让学习者能够对课程内容有整体、清晰的认识。在此基础上，学习者才能关注课程并产生兴趣。

4.2.5　S：激励参与—引起共鸣

课程开场设计的第五个原则是激励参与—引起共鸣。

第五个原则是课程开场设计应遵循的关键原则，甚至可以说前面四个原则是为第五个原则服务的。因为只有激励学习者参与课程学习，引发学习者的共鸣，跨界培训师才能按照既定的流程顺利地展开培训工作。所以，跨界培训师在课程开场的时候一定要懂得采取合适的方法激励学习者参与课程，并引起他们的共鸣。

（1）激励参与

跨界培训师可以采取以下两种方式激励学习者参与到课程的学习中。

一是口头激励。口头激励是指采用积极的语言激励学习者参与到课程的学习中，例如，"本期课程可以帮助你们解决一些实际问题，如果你们希望通过培训改进问题，提升技能，那么就一定要积极地参与到课程的学习中。"

二是物质激励。物质激励是指用物质的方法让学习者得到物质上的满足，从而调动学习者的积极性和主动性。例如，"本期课程结束后，考评成绩获得前三名的学习者可以获得 ×× 奖""线上签到达到 10 次以上就可以获得 ×× 学习资料包"。

口头奖励与物质奖励可以结合使用，以进一步激励学习者参与到课程中。具体奖励什么物质应根据跨界培训师自身的经济能力以及学习者的喜好而定。

（2）引起共鸣

引起共鸣是指跨界培训师通过一些方法让学习者与自己产生同样的思想感情，成功引起学习者共鸣也可以激发学习者的学习兴趣和愿望。

引起共鸣的重点在于情感传达，所以跨界培训师应围绕自身经历或课程内容表达一些真实情感。

例如，"我在这个行业工作了 3 年，收入提升了，社会地位也提升了。但是 3 年前我还在一家小公司做一个普通职员，慢慢地我开始学习……如果你们也希望像我一样不断地改变，不断地自我实现，甚至远远超过我，那么就应当好好学习下面的课程。"

引起共鸣其实就是通过表达真实情感与学习者之间产生情感连接。情感连接产生了，学习者对跨界培训师的信任感会增加，愿意积极、主动地参与学习。

好的课程开场可以营造良好的课堂氛围，保障培训工作的顺利进行。所以，跨界培训师在开始培训工作之前一定要做好充足的准备，掌握课程开场设计的技巧，确保可以呈现一个优秀的开场。

4.3　授课现场设计技巧

好的课程开场其实是为授课做铺垫，授课才是培训工作的重点。对于一些对课堂比较陌生的跨界培训师而言，他们在开展培训工作的时候最为担忧的就是授课现场，因为他们不知道按照什么样的流程，采取何种方式才能将知识和技能有效地传递给学习者。实际上，只要掌握授课现场设计技巧，跨界培训师担忧的问题就能迎刃而解。

通常来说，授课现场设计遵循"EASE 原则"——E（Explain）解释定义、原理，A（Activity）活动，S（Summary）小结，E（Example）范例。

4.3.1 E：解释定义、原理

无论学习者之前是否接触过类似的培训课程，对课程内容是否了解，跨界培训师在开始授课的时候都应明确告诉学习者所讲解的知识点是什么，即要解释定义、原理。只有当学习者掌握基础的理论知识后，他们才能在此基础上学会如何应用知识。

通常来说，跨界培训师可以按照以下几个步骤介绍课程中涉及的定义、原理，如图 4-17 所示。

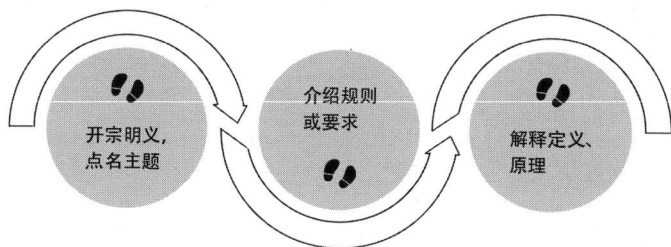

图 4-17　解释定义、原理的步骤

（1）开宗明义，点明主题

开宗明义是指开始授课的时候应向学习者介绍课程的主题。在第 4.2.1 节中我们提到跨界培训师可以通过点明主题的方式引起学习者的注意，其中的"主题"强调的是整个培训课程的主题，例如"家居整理、收纳知识与技能"；而授课开始介绍的"主题"则是指本堂课的主题或核心知识点，例如"这堂课我们学习的主题是认识家居整理和收纳"。

开宗明义，点明主题其实就是先介绍本堂课的知识点，让学习者明确接下来他们要学习的内容。

（2）介绍规定或要求

为了确保学习者能理解知识点的定义、原理，跨界培训师还应先介绍与知识点相关的规定或要求。简单的理解就是学习知识点的时候应注意哪些事项。

例如，"学习这部分内容的时候一定要认真听讲，认真做笔记，遇到自己不理解的地方一定要及时提出。如果对这些基础概念理解不透彻的话将会影响后面的学习效果。"

不同的课程内容其相关的规定或要求不同，跨界培训师应根据具体内容向学习者介绍相关规定或要求，介绍得越细致越好。

（3）解释定义、原理

当学习者明确了知识点以及相关规则或要求后，跨界培训师接下来就应当向学习者解释知识点的定义、原理。需要强调的,跨界培训师在解释定义、原理的时候切忌"照本宣科"。

所谓"照本宣科"是指照着书本或课件读知识点的定义或原理。很多刚入行的跨界培训师会采取这种方式进行授课。事实上,这种方式不但无法让学习者真正理解定义、原理,还可能导致学习者失去学习的兴趣。

如果跨界培训师因为缺少授课经验不知道如何解释定义、原理,可以先"照本宣科"地读一下知识点的定义、原理,然后再尝试用学习者能理解的方式简单解释一下知识点的定义、原理。一般常用的方法有类比、比喻等。

定义、原理属于比较基础的理论知识,是学习者接下来学习的根基。因此,跨界培训师一定要明确,即便是比较简单的知识点,也应采用利于学习者理解的方法进行解释,帮助学习者夯实理论基础。

4.3.2　A：活动

为了帮助学习者进一步理解并内化知识,跨界培训师还应在培训课程中加入一些活动,如与内容相关的故事、游戏或者练习,如图 4-18 所示。

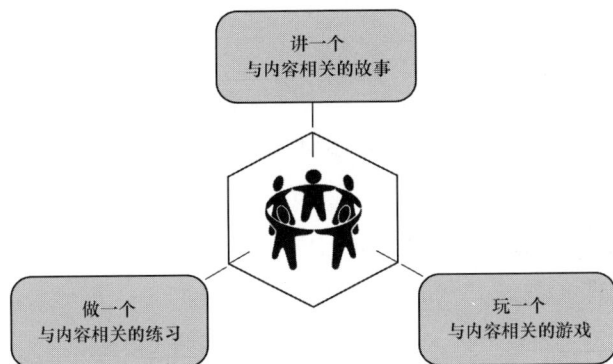

图 4-18　活动

（1）讲一个与内容相关的故事

学习者通常对故事比较感兴趣,所以跨界培训师可以通过讲故事的方式进一步介绍知识点。这种教学方法也称"故事教学法"。

"故事教学法"是指跨界培训师在授课的过程中,有目的、恰当地选择与所讲授的知识点相关的简短故事,辅助讲解知识点,使知识点具体化、形象化、简单化,引起学习者的注意,帮助学习者更好地理解、内化知识。

例如，某跨界培训师介绍"传统的竞争性谈判"时讲了一个故事：

张丽的儿子8岁了，非常痴迷游戏。每天放学回家第一件事就是玩游戏。张丽认为这样会影响学习，于是她对儿子说："如果本学期期末考试成绩每科没有达到90分以上，以后放学回家休想玩游戏。"

这种对话看上去是谈判，实际上是在威胁她的儿子，这是一种典型的传统的竞争性谈判方式。这种谈判方式很难改变对方的行为。

相比简单地解释"传统的竞争性谈判"的定义，这种讲故事的方式更容易让学习者理解什么是"传统的竞争性谈判"。所以，跨界培训师应学会用"故事教学法"帮助学习者理解知识，提升培训效果。

但是讲故事也要遵循一定的原则，具体来说，跨界培训师在讲故事的时候应注意以下两点。

一是故事要恰当，切合实际，避免起反面作用。故事恰当主要表现在两个方面：一是故事一定要与知识点相关，能够辅助学习者更好地理解、内化知识；二是故事一定要切合实际，不可天马行空杜撰故事，杜撰的故事很容易让学习者陷入理解误区，起到反面作用。因此，在讲故事之前跨界培训师一定要结合知识点认真思考应当讲什么样的故事。

二是讲故事要有度。这个"有度"体现在两个方面，一个是故事的长度，另一个是故事的数量。关于故事的长度，跨界培训师应根据知识点和培训目标把握故事的内容，选择长度合适的故事。一般来说，故事的内容不宜过长，过长的内容不仅容易出现本末倒置的情况，还会影响培训工作的进程，也不宜太短，太短不利于学习者理解、内化知识。关于故事的数量，跨界培训师也应根据知识点和培训目标衡量，通常来说，一堂课上讲一个长度适中的故事即可，最多不宜超过两个故事。

如果跨界培训师能恰当地运用讲故事的方式讲解知识点，将可以更好地改善和提升培训效果。

（2）玩一个与内容相关的游戏

玩一个与内容相关的游戏也可以称为"游戏教学法"，是指跨界培训师将知识点与游戏结合起来，以提升学习者的学习兴趣，帮助学习者理解、内化知识。

某英语培训师在课堂上出示学习者已经学过的单词卡片，然后学习者一个接着一个快速地拼读单词并说出汉语意思。

这就是英语培训课堂上常用的"开火车"游戏，例如出示"pen"的卡片，学习者快速地拼出"p-e-n 笔"。因为很多人都喜欢玩游戏，所以这种教学方式深受学习者喜欢。

游戏的种类有很多，不同形式的培训适合的游戏也不同。线上培训可以通过小程序玩线上互动性较强的游戏，线下培训则可以"玩角色扮演"等体验感更强的游戏。但是无论玩什么类型的游戏都要注意以下两点。

一是避免重游戏、轻教学。玩游戏的目的是帮助学习者更好地理解内容，而不是单纯为了娱乐，这样就与游戏教学法的初衷背道而驰了。

二是游戏要围绕知识点展开。既然是为了帮助学习者更好地理解知识，那么游戏就必须围绕知识点展开，否则游戏对培训的意义和价值就无法体现。

游戏教学法的核心是寓教于乐，让学习者在游戏中学习、理解、内化知识。新时代的学习者大多是玩游戏长大的一代人，因此跨界培训师更应当学会用游戏的方式进行授课。

（3）做一个与内容相关的练习

做一个与内容相关的练习也可以称之为"练习教学法"，是指通过做一个与内容相关的练习发展学习者思维，培养学习者能力，巩固新知识的一种教学方法。

例如，"我们刚才介绍了厨房的收纳技巧。下面我们看一张图，然后大家想一想要如何对图中的厨房进行整理、收纳。"

跨界培训师采取练习教学法授课时应注意，练习的难度不宜过大，难度过大容易让学习者产生自我怀疑，不利于发展学习者思维，巩固新知识。所以，做一些难度适宜的小练习即可。

以上三种方式可以单独使用，也可以组合使用，具体如何使用应视课程内容以及培训时间而定，最终的目的都是帮助学习者理解、内化知识，而不只是为了简答的娱乐而活动。

4.3.3　S：小结—归纳提升

通过一些活动让学习者进一步理解、内化知识后，课程的主体内容大致介绍完毕。但是这个时候并不能结束课程，跨界培训师还应做课堂小结，即通过归纳、概括使整堂课的内容系统化、简洁化，便于学习者理解、记忆。

课堂小结—归纳提升主要分为两个方向，一是跨界培训师做课堂小结，二是学习者做课堂小结。

（1）跨界培训师做课堂小结

跨界培训师做课堂小结是指课程主体内容介绍完毕后，培训师对整堂课讲解的知识点进行归纳、总结，使知识可以在学习者的大脑中留下更加深刻的印象。

培训师常用的课堂小结方法有以下两种。

一是提问法。例如，"我们这堂课主要学习了哪些内容"，然后围绕这些内容进行课堂小结。

二是思维导图法。即直接用思维导图呈现课堂小结，如图 4-19 所示。

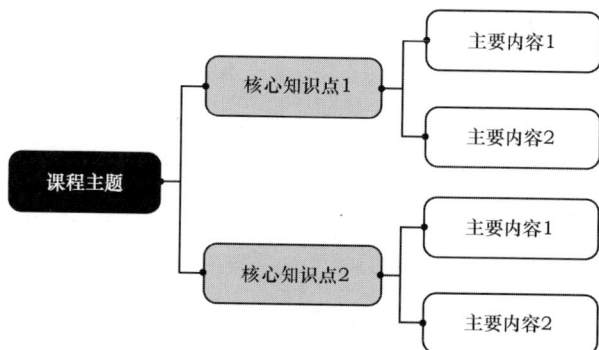

图 4-19　思维导图法呈现课堂小结

无论跨界培训师采取哪一种方式做课堂小结都要注意以下几点：

一是明确课堂小结的内容。课堂小结的内容主要包括知识点总结、方法总结以及对学习者的评价。课堂小结中可以包含这三个方面的内容，也可以只突出其中某个方面的内容。

二是掌握课堂小结的相关原则。课堂小结需要遵循以下四个原则：

原则一：课堂小结要为课程目标服务，紧扣课程重点。

原则二：做课堂小结时应对重要知识点、概念进行提升，切忌简单地重复。

原则三：要注意学习者的反馈，及时了解学习者对知识的掌握情况。

原则四：做课堂小结时应力求简明扼要，突出重点，不需要面面俱到。

真正意义上的课堂小结不是简单地对一堂课进行总结，而是在明确课堂小结的具体内容，并遵循相关原则后对课程进行深刻的总结，否则课堂小结的价值和意义就不大，容易成为"鸡肋"。

课堂小结的方法还有很多，跨界培训师应根据课程内容采用不同的方法做课堂小结，这样可以激发学习者的学习兴趣，起到画龙点睛的效果。

（2）学习者做课堂小结

学习者做课堂小结是指让学习者归纳与总结所学习的知识，这样既可以发挥学习者的主体作用，又可以当堂检测学习者的学习效果，能够真正做到让学习者夯实基础，学以致用。

常见的学习者做课堂小结的方式有以下两种：

一是分组讨论并上交作业。 这种方法主要是针对线下培训。例如，跨界培训师可以将参与课程的学习者分成 3 个小组，然后给出一些与课程内容相关且能够检验学习者是否掌握课程重点内容的作业，让他们围绕课程内容进行讨论，并以小组为单位上交作业。

二是让学习者上台发表课堂小结。 线下培训时跨界培训师可以邀请学习者上台发表课堂小结。线上培训则可以让学习者通过留言、发弹幕等方式做课堂小结。

在学习者做完课堂小结后，跨界培训师还应进行纠正性小结，即对学习者的课堂小结进行必要的补充，归纳出更全面、系统的课堂小结。

课堂小结其实就是对知识和技能进行归纳总结和转化升华的行为方式，总结、升华后的知识更利于被学习者理解、内化和记忆。所以，跨界培训师一定不能认为知识点讲完课程就结束了，还要对课堂做一个完美的小结。

4.3.4　E：工具—范例

学习者学习课程的目的除了想了解、理解知识点的概念和原理，更想知道在实际生活或工作中应如何运用这些知识。换个角度说，知识点必须落地、具有一定的实操性才能帮助学习者解决实际问题，提升能力。所以，在课堂小结结束后，跨界培训师还应向学习者介绍相关工具和范例，让知识点能够落入实地。

（1）介绍常用的工具或方法

跨界培训师可以结合知识点介绍一些常用的、具体的、可实操的工具或方法。

例如，跨界培训师讲解的内容是"绩效管理技巧和策略"，那么可以将相关的绩效管理工具介绍给学习者，如平衡积分卡、SMART 管理法、关键绩效指标、360 度评价。

对大多数学习者来说，他们希望的就是获得这些可以应用到实际工作、生活中的工具或方法，能够进一步指导他们的具体行为，促进他们达到学习的目标。所以，如果知识点涉及一些常用的工具和方法，那么跨界培训师不妨直接将这些工具和方法告诉学习者，进一步提升培训的价值。

（2）与培训相关的案例或实例

有些课程内容可能比较笼统，并没有非常具体的方法、技巧，那么针对比较笼统的内容，跨界培训师可以用一些与培训相关的案例或范例告诉学习者应如何运用知识。

例如，课程内容是"如何与客户沟通，促进成交达成"，跨界培训师可以列举以下范例。

如果邀约客户的时候客户表示没有时间，销售人员可以说："我非常理解，现在大家工作都非常忙。但是我只耽误您3分钟，希望您能给我一个让你了解××的机会。"

如果客户说"我没兴趣"，那么销售人员可以说："的确是这样，一般人面对一个陌生的产品都会没兴趣。但是我希望您能给我几分钟，让我为您解说一下，也许您会对我手上的这款产品非常感兴趣……"

这种实例虽然没有介绍具体方法，但是介绍了具体场景和明确的表达方式，也可以让学习者了解如何在实际生活或工作中运用知识点。

工具—范例的重点是告诉学习者课程中介绍的知识点在实际工作或生活中如何运用，这样不仅可以进一步提升培训效果，还可以让学习者看到课程的价值所在。

授课现场设计是一堂课设计的核心和重点，因为学习者更在乎的是他们能学习到什么知识以及如何将所学的知识投入实际运用。所以，跨界培训师一定不能认为授课就是"照本宣科"，而应当学习并掌握授课现场设计技巧，将知识高效地传递给学习者，体现自身价值的同时也为学习者创造价值。

4.4 课程结束设计技巧

一堂课从开场至结束应当是一个完善而有序的组织过程。然而，一些跨界培训师往往比较重视课程的开场或授课现场，却忽视课程结束环节。

好的结束是一堂课的关键部分，能够提纲挈领，总结一堂课的概要，帮助学习者巩固新知识，加深学习者对知识的理解，关系到整堂课能否达到培训目标。所以，跨界培训师切不可忽视课程结束这个环节。

通常来说，课程结束设计遵循"OFF原则"——O（Objective）回顾目标—成功验收、F（Feedback）复盘内容——课程回顾和反馈、F（Future）联系未来—鼓励应用。

4.4.1　O：回顾目标—成果验收

好的课程结束首先应帮助学习者回顾课程目标，让学习者知道"我学会了什么"。所以，课程结束应遵循的第一个原则是回顾目标并验收成果，如图 4-20 所示。

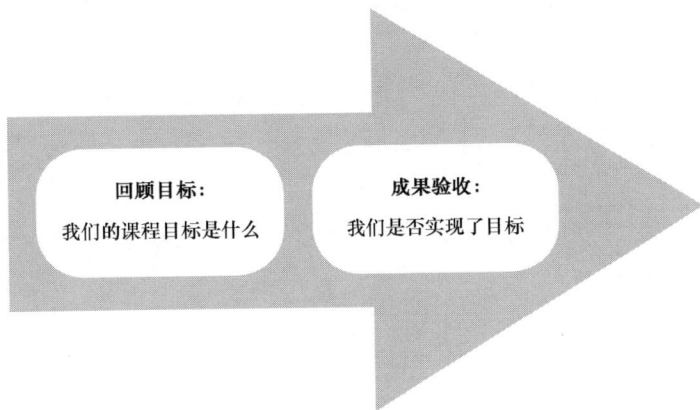

图 4-20　O：回顾目标—成果验收

（1）回顾目标：我们的课程目标是什么

在课程结束环节，跨界培训师要带领学习者回顾在课程开场时设定的目标。

回顾目标的方式通常有两种。

一是口头回顾，即跨界培训师用口头表达的形式带领学习者回顾课程目标。例如，"现在我们一起来回顾一下课程开场时我们设定的课程目标。我们的课程目标是了解 ×× 并掌握 ×× 的应用方法……"

二是借助工具回顾。如果是线下培训，那么跨界培训师可以借助黑板、白板或 PPT 等工具，将课程目标直接呈现在黑板、白板或 PPT 上。如果是线上培训，如直播或短视频，那么跨界培训师可以将课程目标打在屏幕上，带领学习者一起回顾课程目标。

相比较来说，借助工具回顾目标比单纯口头回顾目标的效果更好，因为工具给学习者的视觉冲击力比较强，能够加深他们的记忆。所以，如果跨界培训师身边正好有一些工具，那么不妨借助工具带领学习者一起回顾课程目标。

（2）成果验收：我们是否实现了目标

回顾目标的意义在于让学习者知道自己是否实现了目标。所以跨界培训师带领学习者回顾课程目标后，接下来要做的就是对学习成果进行验收，让学习者知道"我们是否实现了目标"。

验收成果即将实际达成的成果与设定的目标进行对比，查看两者之间的差距。常用的方法是让学习者讲述课程中介绍的关键知识点或介绍这些知识点的运用方法，然后将实际成果与设定的目标进行对比。

例如，课程开场设定的目标是"了解××概念"，验收成果的时候跨界培训师可以提问学习者"请你们现在回顾一下××概念"。

如果学习者准确地回答了该问题，那就说明学习者实现了课程开场时设定的课程目标。反之，如果学习者在课程结束后仍然对××概念理解不透彻，那么就没有实现课程开场时设定的目标。

回顾目标并进行成果验收其实就是要找到实际成果与设定目标之间的差距。两者之间没有差距，甚至实际成果更好，那就是最为理想的培训效果。如果两者之间存在一定的差距，实际成果远远低于设定的目标，那么跨界培训就要帮助学习者找到存在的问题并解决问题，进一步提升培训效果。

4.4.2　F：复盘内容—课程回顾和反馈

"复盘"原是围棋术语，也称"复局"，是指对局完毕后，复演该盘棋的记录，以检查对局中招法的优劣与得失关键。这种方式也可以用在课程结束中。跨界培训师可以通过复盘内容，回顾课程，检查学习者在学习中存在的问题，发现学习者的优势，从而帮助学习者取长补短，提升学习效果，如图 4-21 所示。

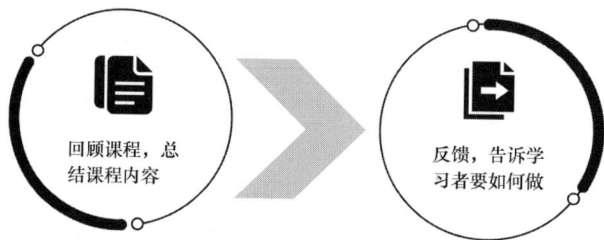

图 4-21　F：复盘内容—课程回顾和反馈

（1）回顾课程，总结课程内容

回顾内容的时候跨界培训师最好借助工具，如白板、PPT，能够提升实际效果，帮助学习者更好地回顾课程。

回顾课程的时候主要应回顾两个方面的内容。

一是课程的大体内容。例如，"我们先学习了绩效管理的基本概念，然后学习了绩效管理在实际工作中的应用，最后学习了绩效管理的相关工具和范例。"

二是**课程要点**。例如，"我们本次课程的要点是绩效管理的三大原则，五个绩效管理工具……"

为了加强学习者对知识要点的记忆，跨界培训师可以通过提问的方式引导学习者回顾。如果是线下培训，跨界培训师可以提问"今天我们主要学习了哪些内容"，并邀请学习者回答。如果是线上培训，也可以提问"今天我们主要学习了哪些内容？大家可以将今天学习的知识要点发在评论区。"这种通过提问进行互动并回顾课程的方式更能强化学习者对所学知识点的理解和记忆。

跨界培训师可以用口头表达的方式带领学习者回顾，但是由于一堂课程的知识要点比较多，口头回顾的方式很难帮助学习者回忆学过的内容，所以建议跨界培训师使用一些教学工具帮助学习者回顾课程。常见的工具有以下几种。

一是**黑白板、PPT 或思维导图**。跨界培训师可以在引导学习者回顾课程的同时将要点列在黑白板上，或者重新播放 PPT 呈现课程内容，抑或是一边回顾课程一边绘制思维导图。

二是**短视频**。跨界培训师也可以将知识要点制作成短视频，然后带领学习者一起回顾。

带领学习者回顾课程能够使学习者在脑海中构建一个比较完整的课程体系。在此基础上，他们才能进一步思考，自己哪些内容学习得比较牢固，哪些知识点仍然不是很清楚，便于学习者改进问题，提升学习效果。

（2）反馈，告诉学习者要如何做

为了确保学习者能够理解、内化所学习的知识，跨界培训师在带领学习者回顾课程后还应给出反馈。反馈环节主要由学习者围绕课程内容进行提问，跨界培训师进行回答。

例如，"老师，我对 ×× 概念的理解不是很透彻，您能否举例说明一下。"

当学习者提出问题的时候，跨界培训师还可以引导其他学习者一起思考、探讨这个问题，然后将准确的答案告知提问者。

这种反馈既可以帮助学习者解决学习中遇到的问题，还可以加深其他学习者对这部分知识的理解和记忆，是一个非常有效地巩固知识的方式。

复盘课程内容其实就是一个回顾课程内容、发现问题并反馈问题的过程。这个过程不仅可以检验学习者学到了哪些知识，存在哪些问题，还可以进一步加深学习者对课程内容的印象，提升培训的效果。

4.4.3 F：联系未来—鼓励应用

所有的知识只有转化成行动，投入实际应用才能产生价值，课程的价值以及跨界培训师的价值才能得到更好的体现。所以，在课程结束的最后环节，跨界培训师应将课程内容与学习者的未来联系起来，并鼓励学习者积极行动起来，将所学的知识应用到真实的场景中，去创造更多的价值，如图 4-22 所示。

F：联系未来—鼓励应用	
1	将课程内容与学习者的未来联系起来
2	鼓励学习者应用所学的知识

图 4-22　F：联系未来—鼓励应用

（1）将课程内容与学习者的未来联系起来

大多数学习者学习的目的是提升能力，改变未来的生活方式或工作方式。当学习者明确所学习的知识能够帮助他们改变未来，或者能够帮助他们拥有一个更加美好的未来时，他们会更愿意积极地将学习到的知识运用到实际场景中。

例如，课程内容是"家居整理收纳技巧"，那么在课程结束后，跨界培训师可以说："很多人抱怨现在居住的空间比较狭小，家里各个角落都堆满了杂物，看着都心烦。别担心，只要你将本次课程中学习到的整理、收纳技巧运用到实际生活中，你会发现原本的小家越住越大，心情也好了很多，家庭成员也更加和睦。"

"只要你将本次课程中学习到的整理、收纳技巧运用到实际生活中，你会发现原本的小家越住越大……"这句话就很好地将课程内容与学习者的未来联系起来，那些希望居住环境能够改变的学习者听到这句话后，会更加积极地行动起来，将所学的知识应用到生活场景中。

将课程内容与学习者的未来联系起来，其实就是告诉学习者将所学的知识投入实际运用会给他们的生活或工作带来什么样的改变，或者创造什么样的价值，所以，跨界培训师要想将课程内容与学习者的未来联系可以朝着这个方向思考，例如收入翻倍、高效管理团队、职业生涯更广阔等。

（2）鼓励学习者应用所学的知识

跨界培训师还应采取一定的策略鼓励学习者积极地应用所学的知识，让学习者相信"我能运用"。

跨界培训师可以介绍一些课程内容的实际效果来鼓励学习者应用。例如，"某某学习者学习了我的写作课程并投入实践后，每个月的副业收入达到了 1 万元以上。"

真实的案例以及实际产生的效果往往更能鼓励学习者积极地运用知识。所以，跨界培训师在课程结束后可以列举一些课程应用实例，鼓励学习者应用所学习的知识。

此外，还可以根据学习者的实际情况，帮助学习者制订应用计划，并帮助他们完成应用计划。这也是鼓励学习者应用所学习的知识的一种方式。

最后，跨界培训师还应对学习者表达感谢和美好祝愿，进一步拉进双方之间的距离，建立情感连接。这样做有助于提升跨界培训师在业界的口碑，也便于开展下一次的培训工作。例如，"这期培训课程到此结束了，非常感谢你们的配合和参与，在此祝愿你们能够学以致用，不断提升自己，创造更多的价值。"

课程结束的设计应让学习者了解知道所掌握的知识并给予他们信心，鼓励他们投入实践，这样课程的价值才能得以体现。

4.5　线上课程开发与制作技巧

一些跨界培训师刚跨入培训行业时首选的培训方式是线上培训，因为线上培训成本较低、操作较简单，容易上手。但是无论是线上培训还是线下培训，核心都在于课程。所以，跨界培训师要想打造线上培训的核心竞争力，就要掌握线上课程开发与制作技巧。

4.5.1　线上课程选题要短小精悍

线上课程设计的重点工作是选题策划。线上课程选题策划，是指根据学习者需求以及跨界培训师掌握的知识和技能对培训课程的主题、内容、名称等进行总体设计。

全媒体时代，线上课程多且杂，让学习者眼花缭乱，跨界培训师要想在这些线上课程中脱颖而出就要在策划课程选题时遵循以下两个原则。

一是简洁明了。当学习者面对各种线上课程时，越简洁明了的选题越能吸引他们的注意力，所以跨界培训师策划线上课程选题时首先应确保选题简洁明了。具体来说，跨界培训师应紧扣培训大纲、围绕核心知识点以及教学环节、实验活动等方面展开设计，让学习者一眼就明白你想分享什么知识，或者他们可以从你的课程中获得什么。

二是典型。在线上课程多且杂的全媒体时代，有个性和特色的典型课程往往更容易脱颖而出，所以跨界培训师在策划线上课程选题时还应关注选题的典型性。跨界培训师要围绕日常学习或工作中常见、典型、有代表的问题或内容进行设计，帮助学习者有效解决学习过程中的重点、难点、疑点等问题。

线上课程选题的策划除了应遵循以上两个原则外，还应具有一个特点——**短小精悍**，如图 4-23 所示。

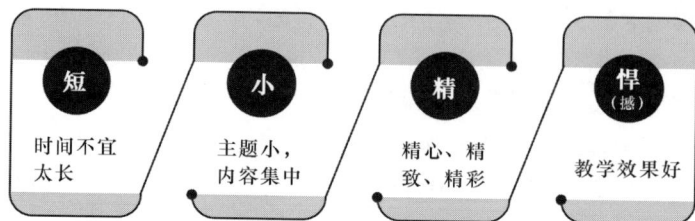

图 4-23　线上课程选题的特点

（1）短：时间不宜太长

选题的复杂程度决定了课程时间的长短，选题越复杂课程时间越长，选题越简单课程时间越短。由于大多数学习者都是利用碎片时间在线学习，所以线上课程的选题设计不宜太复杂，应尽量控制课程时间。

一般来说，一节课最好控制在 30 分钟左右，不宜超过一个小时。这样才能确保学习者可以在碎片时间更加灵活地学习课程。所以，跨界培训师在策划选题时应选择简单的选题，以控制好课程时间。例如，某摄影培训师策划的选题为"摄影九大经典构图"，这个选题只讲构图技巧，相对来说是比较简单的选题，比较容易控制课程时间。

（2）小：主题小，内容集中

线上课程选题策划通常会围绕一个主题展开。这个主题要小，因为主题越小，课程内容越集中，进而越利于跨界培训师在规定时间内将知识讲解清楚。相反，如果主题过大，内容就比较多且散，就需要花更多的时间才能将知识讲解清楚。这就违背了我们上面提到的"时间不宜太长"这个特点。

例如，某理财培训师策划的选题为"普通家庭投资股票的正确'姿势'"，这个选题的主题是"普通家庭投资股票"，内容集中在"普通家庭"，既利于培训师在规定时间内将这些"投资股票的正确'姿势'"讲清楚，也利于学习者理解、内化知识。相反，如果选题为"投资股票的正确'姿势'"，这个主题就比较大，学习对象是所有人，知识点也比较广泛，培训师很难在规定时间将这些知识讲清楚，更难以让所有人都理解、内化这些知识。

（3）精：精心、精致、精彩

全媒体时代，线上课程非常丰富，跨界培训师要想设计出从中脱颖而出的课程，就应当策划富有创意的选题，做到精心、精致、精彩。

精心是指要认真对待选题策划这件事，并专心做好这件事；精致是指要策划出能够满足学习者需求，突出价值的选题；精彩是指选题要让学习者有眼前一亮的感觉。

（4）悍（撼）：教学效果好

这里的"悍"主要是指能够给学习者带去震撼的效果，主要体现在选题有用、有趣，让学习者迫不及待地想参与学习。

有用是指选题能够帮助学习者解决一些实际问题，提升能力。例如，某跨界培训师策划的选题是"一个小时学会好看的手账字体"，这个选题能帮助一些想快速练出一手漂亮的字体、做出好看的手账的学习者。这种选题就是有用的。

有趣是指选题具有一定的吸引力，能够激发学习者的学习兴趣。例如，某跨界培训师策划的选题为"冰激凌'大神'教你制作六款水果冰激凌"，这种选题就比较有趣，能够在一定程度上激发学习者的学习兴趣。

线上课程选题策划是线上课程开发中的第一步，也是比较关键的一步，这一步能否走好，决定了课程开发的方向是否正确，以及开发出来的课程是否受学习者的欢迎。所以，跨界培训师在策划线上课程选题时应遵循相应的原则，制作出短小精悍的线上课程选题。

4.5.2　如何组织线上课程内容

策划好选题后，下一步要做的是围绕选题组织线上课程内容，即制作课程的具体内容。组织线上课程内容是线上课程开发的关键工作，直接关系到培训的效果。

跨界培训师组织线上课程内容时应注意以下几点，如图 4-24 所示。

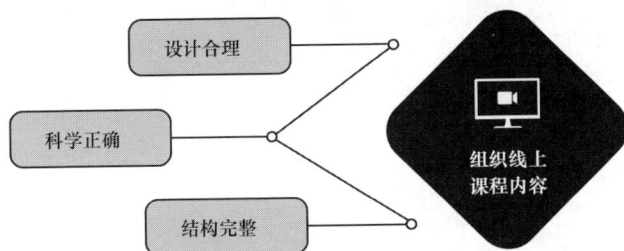

图 4-24　组织线上课程内容

（1）设计合理

跨界培训师组织线上课程内容时，首先要确保的就是课程内容设计的合理性，具体体现在以下三个方面。

一是课程内容的组织与编排应符合学习者的认知逻辑、规律，有完整的课程开场、**授课现场以及课程结束**。这部分内容可以参考本章 4.2 节、4.3 节、4.4 节的内容。

二是课程内容要具有针对性与层次性，主观、客观习题的设计难度等级要合理。

三是重难点突出，力求简单明了。

（2）**科学正确**

线上只是培训的一种形式，其核心还在于内容。内容如果不正确，那么再好的形式也没有任何价值，只会为学习者带来麻烦和困扰，影响跨界培训师在业界的口碑。所以，跨界培训师在组织线上课程内容时必须确保内容科学正确。

具体来说，应确保概念描述严谨，文字、符号、单位和公式等符合国家标准，符合出版规范；作品无著作权侵权行为，无敏感性内容导向；内容精确，注重实效。

为确保课程内容科学正确，在组织课程内容结束后，跨界培训师应反复检查课程内容，一般应检查 2~3 遍。如果条件允许，最好请身边的朋友、同事或专业人士帮忙检查，确保课程内容没有任何问题。

（3）**结构完整**

线上培训课程内容的结构应完整，这样才能帮助学习者构建完整的知识系统，促进学习者更好地理解、内化知识。具体来说，跨界培训师可以参考本章 4.2 节"清晰的内容框架"中介绍的 4 种形式构建线上课程内容结构。

优质的线上课程才能帮助跨界培训师打造核心竞争力，所以跨界培训师应掌握组织线上课程内容的技巧或方法，组织能够满足学习者需求的优质课程内容。

4.5.3　精心制作线上课程的相关课件

课件是指能够辅助跨界培训师更好地呈现课程效果，达到培训目标的可展现的文字、声音、图像或视频。为了帮助学习者更好地理解、内化知识，加深学习者对所学知识的印象，提升培训效果，跨界培训师应根据课程内容精心制作线上课程的相关课件。

不同的线上课程形式需要准备的课件不同，下面介绍几种常见的线上课程形式以及应准备的相应课件。

（1）**图文线上课程：图片**

如果跨界培训师以图文的形式呈现线上课程，则要准备图片。这里的图片是指能够反映内容、加深学习者对内容的理解和记忆的图片。在准备图片时，跨界培训师应认真阅读课程内容，在可以用图片表达的地方要尽量制作原创图片，或者准备相关配图。跨界培训师在准备图片时应注意以下几点。

一是图文相符。不能为了美观而准备一些与课程内容无关的图片，导致图文不符。要知道配图的目的是辅助学习者理解知识，而不是为了配图而配图。

二是注意图片版权问题。跨界培训师最好自己根据课程内容绘制原创图片，选择其他配图时也应备注具体出处，避免出现侵权问题。

三是图片像素清晰。课程内容的配图应用高清图片，既能提升学习者的视觉体验，又能体现跨界培训师的专业性。

按照以上要求准备好图片后，还应对每一张图片进行备注，方便后期制作图文课程的时候能够快速将配图放在课程中合适的位置。

（2）线上视频 / 直播课程：PPT

大多数培训师通过视频或直播的形式开展培训工作时，通常会用 PPT 课件辅助呈现课程内容。如果跨界培训师采取视频或直播的形式呈现课程且想用 PPT 辅助呈现课程内容，那么应注意以下几点。

一是 PPT 课程应围绕课程内容设计，能辅助跨界培训师更高效地讲解课程。

二是每一张 PPT 上的字数不能太多。字数太多容易给学习者造成视觉疲倦，会影响培训效果。

三是合理使用背景。选择合适的背景能够增强 PPT 的感染力和视觉效果，但是不宜使用比较夸张的颜色或带有复杂图案的背景，建议使用纯色背景，如蓝色、绿色。

明确以上几点要求后，跨界培训师便可以根据课程内容精心制作一个优质的 PPT 课件。

以上介绍的两种课件是线上培训课程常用到的课件，此外，线上课程还应包含短视频课件、音频课件等，跨界培训师应准备哪些课件应视具体的线上培训形式和课程内容而定。

4.5.4　线上视频课程录制技巧

视频因生动、形象，场景感比较强，所以是跨界培训师开展线上培训时比较常用的一种方式。跨界培训师如果想通过视频形式开展线上培训工作并确保能取得一定的培训效果，那么就应当学习并掌握线上视频课程录制技巧。

在学习线上视频课程录制技巧之前，跨界培训师首先应明确视频课程录制的三个关键要素。

一是视觉（画面），也就是呈现在屏幕前的画面。视频中呈现的画面要清晰。

二是听觉（声音），是指视频中传达出来的声音。声音要亲切、自然。建议尽量使用口语化表达，让学习者没有距离感。

三是感觉（心理），是指与学习者进行交流、互动，要让学习者感到培训师就在眼前。

明确了线上视频课程应包含的三个关键要素后，下一步跨界培训师就可以开始着手录制线上视频课程。录制线上视频课程主要分为两个步骤，一是录制课程，二是制作并上传课程。

（1）录制课程

录制课程是开发线上视频课程的关键步骤，决定了能否为学习者呈现高质量的视频课程。录制课程的相关技巧如图 4-25 所示。

线上视频课程录制技巧	
选择录制工具	手机、平板电脑、DV摄像等
	计算机+写字板
	Flash动画模式
选择合适的内容呈现方式	跨界培训师出镜讲解课程内容
	直接呈现操作过程，跨界培训师不出镜
	视频要流畅，节奏感要强
	除其他语言类培训外，要尽量使用普通话教学
录制视频课程的注意事项	保证视频画面清晰、图像稳定、构图合理、声画同步，能够全面、真实地反映教学情景

图 4-25　线上视频课程录制技巧

首先确定录制方式，即选择录制工具。

"工欲善其事必先利其器"，跨界培训师要想制作优质的视频课程首先必须选择合适的录制工具。

常见的录制视频课程的工具有以下几类。

第一类是手机、平板电脑、DV 摄像等。 这些工具比较常见，是培训师使用较多的视频录制工具，操作起来比较简单、便捷。

第二类是计算机 + 写字板。 计算机 + 写字板可以用来录屏，即可以一边在写字板上书写课程内容，一边录屏课程。

第三类是 Flash 动画模式。Flash 是 Macromedia 公司于 1999 年 6 月推出的优秀网页动画设计软件，利用这种软件也可以制作视频课程。

跨界培训师可以根据自己的需求选择合适的录制工具。一般建议跨界培训师选择比较简单，容易上手的录制工具，这样既便于操作，也能增强自己录制视频课程的信心。后期可以根据实际情况，再选择一些比较专业的工具，提升视频质量。

其次确定出镜方式，即选择合适的内容呈现方式。

选择好录制视频的工具后，跨界培训师应思考的问题是"选择什么方式出镜"，或者如何在视频中呈现课程内容。通常，呈现视频课程内容的方式有以下几种。

一是跨界培训师本人出镜讲解课程内容。跨界培训师本人出镜的场景感比较强，能够让学习者有一种培训师就在眼前的感觉，利于提升培训效果，也利于打造跨界培训师的个人品牌。所以，通常建议跨界培训师本人出镜录制课程。

二是直接呈现操作过程，即跨界培训师本人不出境，通过实际操作演示、介绍课程内容。一些操作性比较强的课程可以采取这种方式录制课程。例如，课程内容是书法，那么就可以采取这种方式呈现课程内容。

具体选择什么样的形式在视频中呈现内容还应根据课程的具体内容而定。

最后明确注意事项，清楚录制视频课程时应注意什么。

选择好工具并确定好内容呈现方式后，跨界培训师还应明确录制视频课程有哪些注意事项。

一是视频要流畅。跨界培训师的表达要流利，节奏感要强，不能支支吾吾或有过多的停顿，这些都会影响视频的呈现效果。

二是除其他语言类培训外，要尽量使用普通话教学。语言要通俗易懂，声音要响亮，富有感染力。

三是保证视频画面清晰、图像稳定、构图合理、声画同步，能够全面、真实地反映教学情景。

视频课程的优质与否很大程度上与录制技巧有关。一些优质的视频课程往往在录制的时候就投入了大量心血和精力，所以跨界培训师要想打造优质的视频课程就要从认真学习并掌握课程录制技巧开始。

（2）制作并上传课程

录制好线上视频后要对课程进行制作并上传，这才是一个完整的视频课程开发流程。

制作视频课程的核心工作是视频剪辑。剪辑视频课程时，首先应选择合适的视频剪辑软件，市面上的视频剪辑软件比较多，跨界培训师可以选择功能比较齐全且比较容易上手的视频剪辑软件。选择好视频剪辑软件后就进入了正式的视频剪辑流程，跨界培训师应按照事先组织的线上课程内容的结构逻辑展开剪辑。具体可参考以下步骤。

首先进行粗剪，即先整体、大概剪辑一次。粗剪主要是去掉视频中不重要的部分，例如录错的地方、长时间的停顿等。

其次编辑视频的声音。跨界培训师可将原视频的音频导出，然后用声音编辑软件编辑声音，例如对声音进行降噪或者删掉不想要的声音。

然后进行精简，即进一步去掉不重要的内容，并添加效果。在该环节跨界培训师应将编辑好的声音导入视频，然后再仔细剪辑一遍，确保声画同步，且要进一步去掉不需要的内容。此外，还要为视频添加相关素材和效果，以进一步突出内容，帮助学习者理解、记忆内容。例如，提示的文字、特效等。

不同的视频剪辑软件因功能不同所以剪辑的具体方法也有差异，因此建议跨界培训师深入研究视频剪辑软件，进一步提升剪辑效率和效果。

最后对录制好的视频进行检查。为了确保视频没有任何问题，在视频录制好后还要对视频内容进行检查，最好检查 2~3 遍，越仔细越好。

确保视频内容无误后，下一步就是要将录制好的视频课程上传到跨界培训师事先选择的线上平台。

上传课程比较简单，可以按照平台的提示上传。但要注意的是，不同平台对视频格式的要求不同，所以掌握视频的格式转换也很重要。市面上有很多视频格式转换软件，跨界培训师应先了解平台对视频格式的要求，然后使用格式转换软件将视频转换成符合平台要求的格式。

视频录制、制作、上传是一个完善的线上视频课程开发过程，其中的任何一个步骤都至关重要。所以，跨界培训师在录制线上视频课程时要认真选择视频录制工具，也要认真剪辑并上传，确保每一个环节都无误。只有这样才能为学习者呈现一个优质的视频课程。

4.5.5　线上音频课程录制技巧

艾媒咨询 (iiMedia Research) 数据显示，2020 年中国在线音频市场用户规模达到了 5.7 亿，而且这一数据还在持续上涨。可见，音频这种形式在线上培训中得到了广泛应用，而且受到了大多数学习者的认可。所以，跨界培训师也可以选择音频形式呈现课程内容。

与视频课程开发相同，音频课程的开发也分为两个步骤，一是录制课程，二是制作并上传课程。

（1）录制课程

录制音频课程的相关技巧如图 4-26 所示。

线上音频课程录制技巧	
选择录制工具	手机/平板电脑
	智能录音笔
	专业录音设备
录制视频课程的注意事项	确保发音正确，表达流利
	注意语速、语调、音量
	添加合适的背景音乐

图 4-26　线上音频课程的录制技巧

首先，选择录制工具。

与线上视频课程录制相同，录制线上音频课程也应选择合适的工具。常见的音频课程录制工具有以下几种。

①**手机 / 平板电脑**。有一些性价比较高的手机 / 平板电脑其自带的麦克风降噪效果比较好，声音比较清晰，那么跨界培训师就可以利用手机 / 平板电脑自带的麦克风和录音功能录制课程内容。但是有一些手机 / 平板电脑自带的麦克风降噪效果不是很好，声音不够清晰，那么跨界培训师可以购买一个降噪效果比较好的麦克风配合录制课程。

②**智能录音笔**。智能录音笔是比较便捷、操作较简单的一种录制音频课程的工具，而且录音时间比较长，一般可以录制 10 个小时。

③**专业录音设备**。专业的设备是指配置比较高的录音装备，包括隔音房、麦克风、调音台、监听耳机、专业声卡等。专业的录音设备呈现出来的声音效果比较好，但是价格通常比较高。

跨界培训师具体选择哪一种设备应根据自己的经济情况及需求而定。通常，建议跨界培训师刚开始录制音频课程的时候选择手机录制，慢慢学习、掌握录制音频课程的技巧和方法后可再选择专业设备，提升音频课程的质量。

其次，明确录制音频课程的注意事项。

跨界培训师要想录制优质的音频课程还应注意以下几点。

①确保发音正确，声音穿透力强，表达流利，能够通过声音将信息传递给学习者。

②注意语速、语调、音量。这部分内容在第三章"声音形象"中有具体阐述，可参考。

③添加合适的背景音乐。如果是情感比较丰富的选题，则建议添加合适的背景音乐，丰富音频课程内容。选择背景音乐的时候建议选择舒缓的纯音乐，音量不宜太大，避免喧宾夺主。

跨界培训师要根据自己的需求选择合适的录音工具，平时还应多进行声音训练，以确保可以通过声音传递课程内容，展示自己的价值。

（2）制作并上传课程

录制好音频课程后下一步就是制作并上传音频课程。

制作音频课程的核心工作也是剪辑。剪辑音频课程时，首先应选择合适的音频剪辑软件，选择好音频剪辑软件后也应按照事先组织的线上课程内容的结构逻辑展开剪辑。

音频课程的剪辑逻辑与视频课程的建议逻辑大体相同，先进行粗剪，去掉不重要的部分，如长时间停顿的地方；然后再进行精简，进一步去掉不重要的部分，并添加相关素材和效果，例如背景音乐；最后对音频内容仔细检查，确保音频内容无误。

确保音频内容无误后，下一步就是要将录制好的音频课程上传到跨界培训师事先选择的线上平台。

上传音频课程也比较简单，可以按照平台的提示上传，但要注意的是，不同平台对音频格式的要求也不同，因此跨界培训师应首先了解平台对音频格式的要求，然后通过音频格式转换软件将音频格式转换为符合平台要求的格式。

音频课程不是简单地对着录音机讲话，一个优质的音频课程应注重从录制、制作到上传的每一个环节。所以，跨界培训师要想通过音频的形式呈现课程就要掌握音频的录制、制作以及上传等方面的技巧和策略，以为学习者呈现一场"听觉盛宴"。

4.5.6 线上图文专栏课程制作技巧

图文专栏也是一种常见的线上课程形式。相比较视频和音频这两种形式来说，制作图文专栏课程比较简单，不需要太复杂的工具，只需要一台电脑、手机或平板即可。所以，一些刚跨入培训行业，对音频课程和视频课程录制技巧掌握不是很透彻的跨界培训师可以先尝试用线上图文专栏的形式制作课程。

虽然线上图文专栏课程制作相对较简单，但是要制作一个优质的，能够满足学习者需求的图文专栏课程也需要掌握一定的制作技巧，如图 4-27 所示。

图 4-27　线上图文专栏课程制作技巧

（1）确定专栏名称

跨界培训师首先应根据课程内容确定图文专栏名称。图文专栏名称最好在 15 个字以内，简单易懂，且要突出课程内容的核心和价值。例如，"10 节课教你掌握写作的底层逻辑"。

（2）写专栏简介

确定好图文专栏名称后可以写一个专栏简介。专栏简介应重点介绍专栏课程的亮点和特点。一般 60 字以内即可。

例如，某个写作专栏的简介为：

什么都不会写的写作小白要如何开始写作？

如何确定写作方向？

如何写出深刻的观点？

如何寻找合适的案例佐证自己的观点？

如何构建一个有逻辑的写作框架？

写作中应注意哪些问题？

…………

以上这些问题的答案都可以在专栏中找到。

专栏简介其实就是为了进一步突出图文专栏课程的价值，以激发学习者的学习兴趣。

（3）设置专栏章节

设置专栏章节是图文专栏课程制作的重点。设置专栏章节即要求跨界培训师将之前组织的线上课程内容，按照一定的逻辑、结构划分为一个个章节。其实就是将课程内容细化、系统化，利于学习者更好地理解、内化知识。

例如，某写作专栏课程的第一节为"如何确定写作主题"，第二节为"如何搭建内容框架"……

一般建议设置 15~20 个章节，章节太少会让学习者认为课程内容不完善，章节太长则会降低学习者的积极性。

图文专栏除了章节外，配图和内容核查、校对的重要性也不可忽视，因为学习者在学习图文专栏时注意力集中在图片和文字内容上，因此很容易发现其中的问题。如果学习者发现图文不符，或者语句不通顺等问题，很可能会认为专栏质量不佳，进而会影响跨界培训师在学习者心中的口碑，不利于跨界培训师展开培训工作。所以，跨界培训师在制作专栏内容的时候应认真、仔细地将之前准备的图片插入课程内容相应的位置，确保图文相符。此外，跨界培训师还要对图文专栏进行校对，确保内容逻辑清晰、语句通顺，词语、标点等使用正确。如果条件允许，建议跨界培训师将图文专栏的稿件打印出来进行校对，这样可以更加有效地保证稿件的质量。如果没有打印出来校对的条件，跨界培训师也要认真通读专栏至少两遍，尽可能降低错误率。

最后要提醒跨界培训师，在图文专栏课程中，无论是文字内容还是图片都必须确保无侵权行为。这是图文专栏制作的底线，不可触及。

4.5.7 线上直播课程开发技巧

直播课程是指借助互联网技术和直播平台进行远程的面对面的培训教学方法。这种教学方式因为场景感和互动感比较强，所以比较受新时代学习者的喜欢。跨界培训师想通过直播的方式开展线上培训工作，同样要掌握线上直播课程开发技巧，如图 4-28 所示。

图 4-28　线上直播课程开发技巧

（1）选择合适的直播平台

线上直播课程依托于直播平台，所以跨界培训师首先应根据课程内容以及平台属性，选择合适的直播平台。

（2）确定内容呈现形式

直播课程也有很多种呈现形式，常见的有以下几种。

一是跨界培训师＋传统黑板。这种方式很好理解，类似于传统的课堂教学，跨界培训师将知识点写在黑板上，然后对着镜头讲解知识。这种方式与传统课堂相比只是隔了一个屏幕，给学习者的体验感比较强，所以是培训师在直播课程时常采用的一种形式。

二是跨界培训师＋电子白板。大体上看，这种形式与第一种形式没有太大差别，主要差别在于电子白板更加智能，能够更好地辅助跨界培训师展开培训工作，提升工作效率。

三是 1 对 1 辅导直播。1 对 1 辅导直播是指跨界培训师面对面与某一个学习者讲解课程，这个时候跨界培训师的身份就相当于传统的家教，只不过一个在线上，一个在线下。1 对 1 辅导这种直播形式也是许多学习者追求的形式，因为互动性和针对性更强，能够在短时间内帮助学习者提升能力。

内容的呈现形式并不是固定的，跨界培训师可以参考以上几种形式呈现内容，也可以积极探索更新颖的内容呈现形式，以提升直播课程的效果，激发学习者的学习兴趣。

（3）撰写直播脚本

确定好内容呈现形式后，下一步要做的就是根据直播内容以及呈现形式撰写脚本。直播脚本简单来说就是安排直播内容，主要包括课程开场、授课现场以及课程结束。

线上直播课程脚本的主要作用是帮助跨界培训师了解直播课程的方向，助力跨界培训师更加顺利地推进直播，讲解课程。所以，线上直播课程的脚本通常不需要太细致，只需要搭建大体结构，并列出关键知识点，为跨界培训师提供讲课方向即可。

例如，某线上直播课程脚本为：

第一，课程开场，自我介绍。

第二，授课现场，介绍主题—解释定义……

第三，结束，课程小结—布置作业……

相比较来说，直播平台对线上直播课程的效果起到很重要的作用，因为平台越大，学习者资源越多，越利于跨界培训师通过直播展开线上培训工作。但是，好的平台也并不意味着一定可以成功，重点还在于课程内容，因此跨界培训师不可忽视课程内容的开发。

全媒体时代参与线上课程学习者越来越多，线上课程的需求也越来越大，所以对于跨界培训师而言，掌握线上课程开发与制作技巧已经成了一件必须去做且一定认真做好的事情。

第 5 章
教学现场：
让跨界培训增值的课堂魅力

跨界培训师的魅力主要体现在课堂上，即跨界培训师在教学现场的表现。跨界培训师在教学现场的表现越好，课堂魅力越强，越利于跨界培训师开展培训工作。

5.1　语言课堂：既传递信息又传递情感

语言课堂通常分为两大类：语言和非语言。语言主要用于传递信息，非语言主要用于传递情感，高效的语言课堂既要传递信息又要传递情感。

5.1.1　培训师的语言表达技巧

语言表达是指在口头表达（说话、演讲、作报告）的过程中运用字、词、句、段的能力，具体是指用词准确、语意明白、结构合理、语句简洁、文理贯通、合乎规范，能将客观概念表述得清晰、准确、连贯、得体，没有语病等。

跨界培训师要想提升语言表达水平就要掌握以下几个语言表达技巧。

（1）培训师语言表达的原则

相较于其他身份和表达的场景来说，培训师在课堂上表达时应重点关注以下几个原则，如图5-1所示。

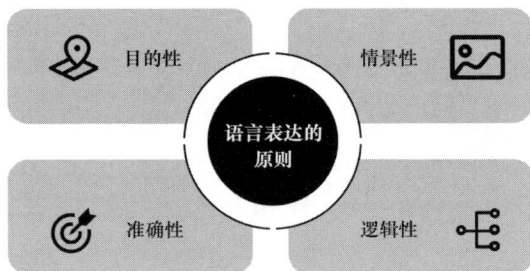

图 5-1　培训师语言表达的原则

一是目的性原则。跨界培训师要清楚表达的目的，要明确"说话给谁听""为什么要说，目的是什么"这两个问题。例如，要将课程的基础概念说给学习者听，让学习者掌握基础的理论知识。

二是情景性原则。语言表达要结合场合和情景，不同的场合和情景的表达风格和方式不一样。例如，在开场跟学习者打招呼的时候语言要轻松、活泼，但是在讲解知识的时候应做到认真、严谨表达。

三是准确性原则。语言表达用语、用词要准确，不得产生歧义。例如，在介绍知识点时不能说"我觉得这个差不多就是这个意思"，而应当说"根据某某定理，这道题的正确答案是……"

四是逻辑性原则。语言表达要有结构、层次和逻辑。例如，递进式结构、并列式结构。

（2）培训师语言表达的具体要求

为了展现培训师的专业能力，培训师在课堂上的语言表达还应满足以下几个要求，如图 5-2 所示。

	培训师语言表达的具体要求
1	培养自己的说话风格
2	把握说话的节奏，说话自然流利
3	控制说话的语气，注意停顿、重音
4	话要说在关键点上，要朴素简洁，言不在多，达意则灵
5	话语中肯，言之有物
6	说话得体

图 5-2　培训师语言表达的具体要求

（3）语言幽默技巧

在语言表达中，幽默具有很强的感染力。如果跨界培训师能够掌握幽默这种语言技巧，那么会让课堂变得更有趣，与学习者之间的关系也会更加融洽，更利于推进培训工作。

跨界培训师可以通过以下两种方式提升自己的语言幽默能力。

一是刻意捕捉生活中的喜剧因素。跨界培训师可以通过看喜剧、相声类节目等方式培养自己的趣味思维，同时捕捉一些喜剧因素。把生活中的一些喜剧因素应用到课堂中，可以帮助跨界培训师提升幽默能力。例如，跨界培训师在一个相声节目中看到相声演员用有趣的方式介绍自己，观众热情瞬间高涨，那么跨界培训师可以模仿相声演员的方式在课堂上介绍自己。

二是学会灵活运用修辞手法。夸张、比喻、反语、对比、拟人、拈连、对偶等修辞手法都能让语言更加幽默。所以，跨界培训师应灵活掌握修辞手法的运用，懂得在恰当的时候用修辞手法提升语言的幽默力。例如，可以用含蓄的反语说："看到你们迷茫的眼神我就知道你们对该知识点理解得非常透彻。"

提升语言幽默能力没有捷径可走，关键就是要多看、多观察，从中发现有趣的事情，培养趣味思维。久而久之,语言幽默能力就能得以提升。总的来说,无论任何形式的培训,语言都是培训师向学习者传递信息、知识的重要方式,跨界培训师要想提升培训效果,首先必须打牢语言表达这个基础。

5.1.2 培训师的非语言表达技巧

非语言表达是相对语言表达而言的,是指借助动作、语速、语调、接触、物体、目光交流、空间、姿势和手势、模仿等不同的方式将想要表达的内容表达出来。

非语言表达的主要特点是无意识性、情景性、可信性和个性化,其主要作用是辅助语言表达,传递情感,起到调节气氛的作用。培训教学现场需要的正是这种能够传递情感,调节气氛的非语言表达。

(1)目光交流

目光交流是一种非常重要的非语言表达方式。不同的角度所传达的情感和含义不同,如图 5-3 所示。

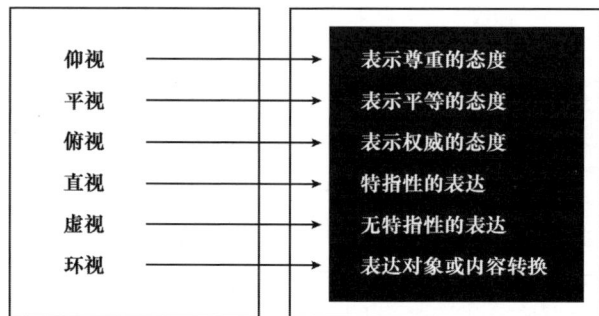

图 5-3 不同的目光传达出的情感和含义不同

从图 5-3 中可以看出,不同的目光传达出的情感和含义不同,因此,跨界培训师在培训课堂上应根据实际需要使用不同的目光,辅助语言表达。

(2)手势

手势是培训师最常用的非语言表达方式。不同的手势代表着不同的意思,得体的手势能增加语言表达的效果,不当的手势不但会影响表达效果还可能会引起误会。

在培训教学中,不同的手势代表的意思如图 5-4 所示。

手势	表达的内容	使用场景
伸出手，手心向上	交流	线下邀请学习者回答问题时，线上邀请学习者在评论区进行互动时
掌心向下，作横扫状	拒绝	学习者对某个知识点的理解不正确时
两手竖放，做切分状	区分	介绍两个不同的知识点时
掌心向外，指尖朝上	警示	提醒学习者注意某个重点、难点时
用掌或手指	指明	提醒学习者注意某部分的内容
手掌向上，挥向内侧	号召	号召学习者参与课堂互动时
拳头，向上	激情	鼓励学习者积极发表自己的想法时
拳头，向下	决断	告知学习者某个问题的正确答案时

图 5-4　不同的手势代表不同的意思

此外，跨界培训师无论是在线下还是线上进行培训，应尽量避免做出以下几种手势：

①上臂贴身体，抱于胸前或小腹前，手插进口袋。

②敲桌子，玩弄白板笔、教鞭，紧握讲桌或教案。

③不自觉地提腰带或整理衣服。

④频频用食指指向学员。

（3）语速、语调的变化

语速、语调的变化也会对表达效果产生一定的影响，具体如图 5-5 所示。

跨界培训师在培训时要根据需要适当地调整说话的语速、语调，以增强语言表达的效果。尤其是在线上培训中，语速、语调的变化对表达效果的影响更加明显。如果跨界培训师始终用一种语速、语调在视频、音频或者直播中进行授课，很可能会让学习者感到乏味，失去学习兴趣。

当然，跨界培训师要想熟练地掌握并运用语速、语调的变化来增强语言表达的效果，并不是一件容易的事，需要经过长期、刻意的训练。

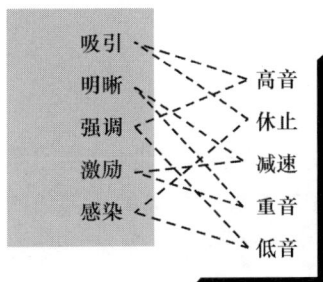

图 5-5　语速、语调的变化对表达效果的影响

5.2　视觉课堂：优化学习者的视听体验

知名心理学家特瑞赤拉（Treichler）曾做过一个关于人类获取信息的来源的实验，研究人类主要通过哪些途径获取信息。大量的实验结果证实人类获取的信息 83% 来自视觉，11% 来自听觉，3% 来自嗅觉，2% 来自触觉，1% 来自味觉，如图 5-6 所示。

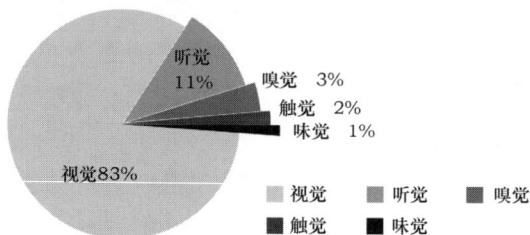

图 5-6　人类获取信息的来源

从图 5-6 中可以看出，人类获取信息的主要来源是视觉和听觉，学习者也是如此。所以为了更加高效地传递信息，提升培训效果，跨界培训师还应打造优质的视觉课堂，优化学习者的视听体验。

5.2.1　为什么要使用视觉辅助教具

在培训教学过程中，使用视觉辅助教具有以下几个价值，如图 5-7 所示。

为什么要使用视觉辅助教具
1　促进跨界培训师与学习者之间的沟通
2　使学习者的注意力更加集中
3　更具说服力
4　强化学习者的记忆

图 5-7　为什么要使用视觉辅助教具

（1）促进跨界培训师与学习者之间的沟通

使用视觉辅助教具的主要目的是帮助跨界培训师与学习者之间展开有效沟通，这是培训工作顺利开展的基础。

例如，跨界培训师要呈现一组数据，如果只是通过口头表达，学习者可能很难记住这一组数据。但是如果借助白板或其他视觉辅助教具，并用图表的形式呈现数据，那么学习者就可以直观地看到这组数据。在此基础上跨界培训师才能与学习者展开有效沟通，并进一步引导学习者观察并分析数据，探寻数据背后的信息。

（2）使学习者的注意力更加集中

单一的教学方式比较枯燥，很容易分散学习者的注意力。在这种状态下，学习效果很难保障。恰当地使用视觉辅助教具则能有效解决这个问题，能使学习者的注意力更加集中。

例如，用短片的形式呈现课程内容，这种视觉冲击比较强的内容呈现方式能在一定程度上使学习者集中注意力。学习者的注意力集中不仅可以帮助学习者提升学习效果，还有利于培训工作的组织和安排。

（3）更具说服力

教具能够直观地呈现培训内容，让培训内容变得更加简明、专业、有趣，进而更具有说服力。例如，建筑行业的培训师可以借助模型向学习者介绍建筑的特色、特点，这比跨界培训师口头表述更具说服力。

（4）强化学习者的记忆

学习者只有最大限度地记住培训内容，才能在一定程度上确保学习效果。视觉辅助教具因能够让培训内容更加具体化、形象化，所以能够在一定程度上强化学习者的记忆力，帮助学习者记住更多的内容。

高效的培训课程一定是课堂上出现的任何东西都有存在的意义和价值，包括视觉辅助教具。所以，跨界培训师一定要学会在课堂上使用适当的视觉辅助教具。

5.2.2　六种常用的视觉辅助教具使用技巧

不同的视觉辅助教具呈现出的视觉效果不同，因此对培训课程起到的辅助效果也不同。下面介绍跨界培训师常用的六种视觉辅助教具以及教具的使用技巧。

（1）活页挂纸

活页挂纸是指使用一个固定的夹板，然后将纸张夹在夹板上，夹板上的纸张可以灵活地调整、更换。活页挂纸的具体特点如图 5-8 所示。

＋　优点	－　缺点
● 可提前准备，将课程的重点内容记录在纸张上 ● 成本较低 ● 视觉冲击力较强 ● 易保存，可重复使用	● 容量小，很难储存大量的知识点 ● 手写对书写要求高/打印对排版要求高 ● 易弄乱 ● 对培训师的站位有要求

图 5-8　活页挂纸的特点

基于活页挂纸的优缺点，跨界培训师在使用活页挂纸时应掌握以下几个使用技巧，如图 5-9 所示。

活页挂纸的使用技巧	
使用时机	小型培训班培训时
	写下目标时
	想参考前面的内容时
哪些应该做	用大号字体
	只写要点
	每页不多于10行
	为突出重点可使用不同颜色的不褪色记号笔
	事先画好草图，用小号字体写下详细内容
	使用标签做记号（1页、2页）或在挂图的角上折页
哪些不要做	写的太密、太乱
	记号笔不盖盖儿
	画一些不必要的线条、圆圈、箭头等

图 5-9　活页挂纸的使用技巧

（2）黑白板

黑白板是比较常见的视觉辅助教具。黑白板的具体特点如图 5-10 所示。

➕ 优点	➖ 缺点
• 方便	• 粉尘大、不卫生、对健康不利
• 经济实惠，成本低	• 培训师劳动强度大
• 便于学习者同步记忆	• 耗费时间
• 可灵活运用	• 在有效的时间内信息量受限制
• 对周围环境要求不高	• 不可作为资料保存
• 其他教具不易表达的内容（如画图表的轨迹）	• 不便于携带

图 5-10　黑白板的特点

基于黑白板的优缺点，跨界培训师在使用黑白板应掌握以下几个使用技巧，如图 5-11 所示。

黑白板的使用技巧	
使用时机	在教学过程中便于表述学习者演练自己的讨论结果（头脑风暴法）
	强调、补充重点
	停电时或电脑出现故障时
哪些应该做	字号大，清楚整洁
	事先计划写哪些内容
	使用多种颜色的粉笔或记号笔（蓝色/黑色）
	用完后将内容擦掉
	将黑白板放在中间/角落
	用尺子画线
哪些不要做	不要对着黑白板讲话
	不要遮住黑白板
	不要用缩写

图 5-11　黑白板的使用技巧

（3）彩色卡纸

彩色卡纸是指彩色的卡片纸，彩色卡纸具体特点如图 5-12 所示。

➕ 优点	➖ 缺点
• 灵活方便，便于展示	• 易脱落
• 比较容易系统地表述内容	• 字太小，展示距离有限
• 应用范围广、易分类	• 书写内容少
• 可随时调整	• 卡片纸成本略高
• 环保、无粉尘	• 如果没有条理会使学习者产生混乱感

图 5-12　彩色卡纸的特点

基于彩色卡纸的优缺点，跨界培训师在使用彩色卡纸时应掌握以下几个技巧，如图 5-13 所示。

彩色卡纸的使用注意事项	
使用时机	学习者自我介绍时记特点、观点
	总结记要点时
	重要提示时
哪些应该做	头脑风暴法的时候
	卡片清楚、整洁
	要点简洁明了
	卡片要有逻辑和层次
	字号大
	事先准备好卡片
	对卡片进行编号
哪些不要做	把卡片弄乱
	卡片无序，颜色杂乱

图 5-13　彩色卡纸使用时的注意事项

（4）钉卡板

钉卡板是一种软木板，跨界培训师可以用钉子将图片、纸张固定在模板上。钉卡板的具体特点如图 5-14 所示。

＋ 优点	－ 缺点
• 灵活、方便	• 钉起来困难，易脱落、易歪
• 应用广、易分类	• 钉子有尖、不安全
• 设备简单、成本低	• 体积太小，距离有限
• 环保、无粉尘	• 如果没有条理，易让学习者产生混乱感

图 5-14　钉卡板的特点

基于钉卡板的优缺点，跨界培训师在使用钉卡板时应掌握以下几个技巧，如图 5-15 所示。

钉卡板的使用技巧	
使用时机	头脑风暴
	讨论
	小组介绍时，记特点、观点
	总结时记重点
	重点提示
	需保存作为资料的可钉在墙上
哪些应该做	清楚、整洁
	卡片上的要点简单明了
	使用彩色卡片
	字号大、最多3行
	事先准备好卡片
	卡片编号
哪些不要做	把卡片乱丢

图 5-15　钉卡板的使用技巧

（5）投影仪

投影仪是现代教学中常用且比较实用的一款视觉辅助教具。投影仪的具体特点如图 5-16 所示。

➕ 优点	➖ 缺点
• 直观、节省时间 • 容易吸引学习者注意力 • 可提前准备	• 成本相对较高 • 缺乏动感，视觉立体效果差 • 对电源稳定性要求高 • 对培训师有一定技能要求 • 携带不方便，如没有白墙需要屏幕 • 对培训师的站位有要求，培训师应站在侧面

图 5-16　投影仪的特点

基于投影仪的优缺点，跨界培训师在使用投影仪时应掌握以下几个技巧，如图 5-17 所示。

投影仪的使用技巧	
使用时机	在介绍较为复杂的图片、表格、图形时
	讲授课程重点时
	学习者讨论（发言）内容时
哪些应该做	课程开始前检查设备
	准备紧急情况下的预备方案
	控制幻灯片的页数
	要点的字体、字号要大
哪些不要做	颜色，图片等太多
	动画太多，幻灯片之间的跳跃过于频繁
	内容太拥挤
	用缩写
	使用时间太长

图 5-17　投影仪的使用技巧

（6）短片

短片是指时间较短的视频片段，是全媒体时代培训师使用较多且比较实用的视觉辅助教具。短片的具体特点如图 5-18 所示。

➕ 优点	➖ 缺点
• 将实际生活场景视觉化再现 • 使学习者的注意力集中 • 既有图像又有声音	• 制作困难 • 成本较高 • 不可边讲解边使用

图 5-18　短片的特点

基于短片的优点和缺点，跨界培训师在使用短片时应掌握以下几个技巧，如图 5-19 所示。

视觉辅助教具还有很多种，但是无论使用哪一种都要熟练地掌握使用技巧，并要懂得扬长避短，这样才能强化视觉辅助教具的辅助效果，使得培训效果最大化。

短片的使用注意事项	
使用时机	培训内容涉及过程/程序
哪些应该做	在短片开始播放前做一个简要的介绍
	在播放结束后分析和提炼要点
哪些不要做	在播放过程中突然中断

图 5-19　短片的使用注意事项

5.2.3　如何有效使用视觉辅助教具

有效使用视觉辅助教具是指跨界培训师根据培训目标、培训内容以及学习者的需求精心设计、积极准备，恰当地应用视觉辅助教具。

具体来说，**有效使用视觉辅助工作应做到适量、适时、适度**，如图 5-20 所示。

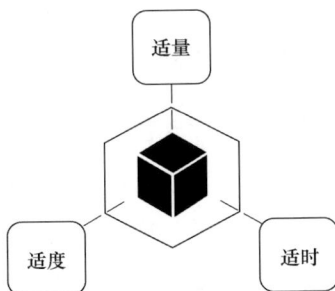

图 5-20　有效地使用视觉辅助教具

（1）适量

视觉辅助教具的主要作用是辅助教学，培训的重点还在于课程内容，因此在使用视觉辅助教具时应做到适量，避免出现本末倒置的问题。

适量主要体现在两个方面。

一是视觉辅助教具的种类适量，即不能在一堂课中使用太多的视觉辅助工具，一般建议使用 1~2 种视觉辅助工具，最多不超过三种。

二是视觉辅助教具的数量适量。例如，用短片这种视觉辅助教具时，一堂课最好用一个短片，不宜超过两个短片。

当然，具体如何做到适量应根据培训目标、培训内容以及学习者的需求来定。

（2）适时

在合适的时候使用视觉辅助教具才能最大化培训效果，所以跨界培训师在使用视觉辅助教具时应做到适时。

适时主要体现在两个方面。

一是使用时机。一般来说，视觉辅助教具的使用应设置在利于激发学习者的学习兴趣、调动学习者的积极性，以及突出重点、难点之处。

二是使用时间。视觉辅助教具的使用时间长短应恰当，通常应根据具体课程时间和内容确定视觉辅助教具的时间比例。

适时地使用视觉辅助教具能够使课堂结构更加合理，培训环节衔接更加紧凑，有利于提升培训效果。

（3）适度

在培训课堂上，使用视觉辅助教具对提升培训效果有很大的作用，但也要用之有度。**视觉辅助教具的使用要始终围绕培训目标这一中心任务展开**，要从实际出发，务实求效。不可为使用教具而使用教具，更不可为追求花样翻新、表面热闹而使用教具。

总之，跨界培训师应明确，视觉辅助教具的使用并非多多益善，使用不当会冲淡学习者对教学内容的理解和掌握，影响到教学任务的完成。

跨界培训师应明确，在实际的培训工作中视觉辅助教具起到的只是辅导作用，起到关键作用的仍然是培训师自己。因此，跨界培训师在使用视觉辅助教具时要发挥主导作用，要精心指导学习者认真观看、聆听课程内容。为了进一步优化视听效果，跨界培训师在使用视觉辅助教具前就应做必要的讲解和启发，让学习者知道要看什么、听什么，要如何看、如何听，如何达到培训目标。促进培训目标达成才是视觉辅助教具的价值的最好体现。

5.3　互动课堂：让学习者"动"起来

课堂互动是指跨界培训师与学习者互相交流、共同探讨、互相促进的一种教学组织形式。无论是线上培训还是线下培训，有效的课堂互动都能够产生有效的培训结果。所以，为了进一步提升培训效果，跨界培训师不仅要明确课堂互动的重要性，还应当知道如何进行有效的课堂互动。

5.3.1　为什么要进行课堂互动

知名学习专家埃德加·戴尔（Edgar Dale）曾提出"学习金字塔"的理论——不同的学习方式，学习内容的平均留存率不同，如图 5-21 所示。

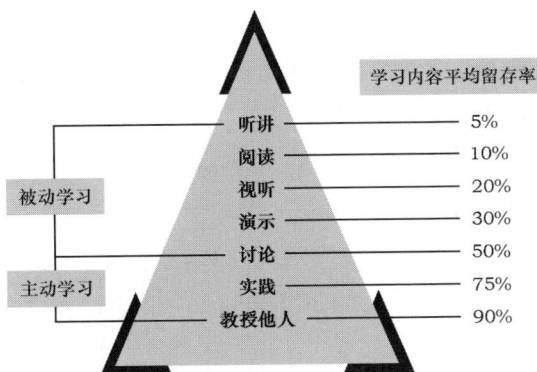

图 5-21　学习金字塔

从图 5-21 的"学习金字塔"中我们可以直观地看出，主动学习的学习内容平均留存率要远远高于被动学习。课堂互动主要是讨论和实践，可以促进学习者主动学习，提高学习内容平均留存率。平均留存率越高，意味着培训效果越好。具体体现在以下几点，如图 5-22 所示。

（1）拉近与学习者之间的距离

课堂互动能够加强跨界培训师与学习者之间的情感连接，拉近跨界培训师与学习者之间的距离。当跨界培训师通过提问或玩游戏的方式与学习者进行互动，他们就已经产生了情感连接，互动、交流越多，情感连接越深，双方之间的距离也就越近。

（2）抓住学习者的注意力

"跨界培训师在上面讲，学习者在下面听"这种单一的授课形式很难集中学习者的注意力。如果跨界培训师能够进行课堂互动，如做一些小游戏，那么将能够更好地抓住学习者的注意力。学习者注意力越集中，培训效果就越好。

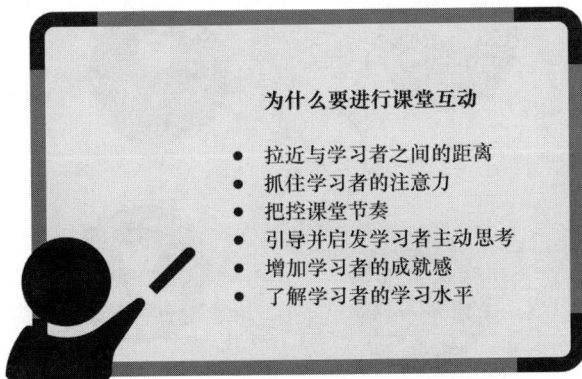

图 5-22　课堂互动的具体体现

（3）把控课堂节奏

跨界培训师在课堂上与学习者进行有效互动，能够调动学习者的学习兴趣和积极性，引导学习者朝着实现培训目标的方向思考。这样更利于跨界培训师把控课堂节奏，促进培训课程按照既定的流程顺利地推进，达到培训目标。

（4）引导并启发学习者主动思考

跨界培训师可以通过有效的课堂互动引导并启发学习者主动思考。例如，"如果在工作中遇到这类问题你们会如何运用刚刚我讲的知识去解决呢？"

（5）增强学习者的成就感

在课堂上进行有效互动，能够让学习者明确自己掌握了哪些知识和技能，进而增强他们的学习成就感。这种成就感会推动他们继续努力学习。

（6）了解学习者的学习水平

通过课堂互动可以帮助跨界培训师更深入地了解学习者的学习水平。在此基础上，跨界培训师才能明确接下来的培训工作应如何展开，需重点介绍哪部分的内容。

无论是线上还是线下培训，课堂互动都是提升培训效果的重要环节。所以，跨界培训师以任何形式开展培训工作时都应采取一些措施、方法与学习者进行互动，让学习者"动"起来。

5.3.2　课堂互动的形式

不同的课堂互动形式呈现的互动效果不同，培训师常用的课堂互动形式有以下几种，如图 5-23 所示。

图 5-23　课堂互动的形式

（1）语言提问

语言提问是比较常见的一种课堂互动形式，即通过提问的方式与学习者进行交流。课堂上常见的语言提问形式主要有两种。

一是一对一提问。一对一提问是指跨界培训师提问某一位学习者。例如，"章某某，对这个问题你有什么样的看法？"

二是一对多提问。一对多提问是指跨界培训师对在场的所有学习者进行提问，例如"大家认为在这种情况下怎么做比较科学、合理呢？"

（2）肢体活动

肢体活动是指通过肢体语言与学习者进行有效互动，这种互动形式主要用于防止学习者犯困、走神。

例如，当跨界培训师在课堂上发现学习者走神时，可以做一个双手在胸前鼓掌的动作，然后说"好，我们现在一起分析一下这个问题"。

（3）游戏

游戏互动主要用于提升课堂乐趣，激发学习者的学习动力。这种互动形式因趣味性比较强深受学习者的喜欢。

（4）分组比赛

分组比赛是指将学习者分成若干个小组，然后小组之间展开比赛。这种互动形式能够促进良性竞争，激发学习者的学习动力和积极性。例如，跨界培训师可以出一个与内容相关的题目，然后小组之间比赛答题，答对的小组可以获得奖励。

线上培训也可以采取比赛的方式进行互动，无须分组，直接组织学习者比赛答题即可。例如，"我现在出一个关于内容的问题，我说 123 之后你们在评论区打出自己的答案，答案正确的前三名有奖励。"

以上几种是较线上培训和线下培训常见的课堂互动形式，但是课堂互动的形式不限于此。跨界培训师可以根据课程具体内容和学习者的需求积极探索更多、更新颖的课堂互动形式，进一步提升培训效果。

5.3.3　课堂互动的基本操作

无论跨界培训师采取什么形式进行课堂互动，在互动的过程中都会涉及以下几个基本操作，如图 5-24 所示。

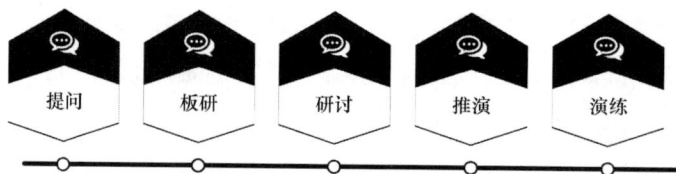

图 5-24 课堂互动的基本操作

（1）提问

提问是让学习者参与互动的较为简单、直接的方式。培训中常用的提问形式有两种：封闭式提问和开放式提问。

封闭式提问一般在明确问题时使用，用来澄清事实，缩小讨论范围。例如，"××，你有没有明白我讲的这个知识点""你是否看懂了这个结构图"。学习者可以用"是""不是""有""没有"等回答培训师的问题，培训师可以从中了解学习者的一些学习情况。

开放式提问时相对于封闭式问题而言的，是指提出比较概括、广泛、范围较大的问题，对回答的内容没有限制。例如，"生活或工作中的哪些地方可以运用我们今天学习的知识呢？""如果是你，遇到这类问题你们怎么处理呢？"学习者不能用简单的"是""不是""有""没有"回答，要深入思考才能回答这些问题。因此，这类问题能够有效激发学习者的主动思考能力。

无论是哪一种提问方式，当跨界培训师提出问题，学习者回答问题的时候，他们就已经开始互动了。

（2）板研

板研是指将学习者的回答记录到黑板、白板或其他可记录内容的地方，并对答案进行归类，然后引导学习者一起研究问题。

在执行板研这项基本操作时应注意以下几点：

一是对回答问题的学习者给予鼓励。

二是要掌握学习者思考问题以及回答问题时间，避免影响课程进度。

三是板书结束后要询问学习者有无补充的地方。

（3）研讨

研讨是指针对提出的问题进行研讨，目的是通过充分的沟通、交流调动学习者所学的知识和技能，激发新的创意，高效解决问题。

为了提升研讨效果，跨界培训师在进行研讨时可以按照以下步骤进行：

第一步，安排学习者呈岛屿状围坐，并对学习者进行分组，一般 3~5 人为一组。

第二步，将研讨题目细分解成一个个小的题目。

第三步，将分解后的小题目分配给学习小组，并说明研讨时间，如 15~20 分钟。

第四步，研讨结束后请各小组的代表上台发言。

如果是线上培训则可以不用分组，直接给出研讨题目，并请学习者自由发表想法即可。

在研讨的过程中，跨界培训师要注意控制时间，时间太长会打乱课程的节奏，影响培训效果。跨界培训师可以事先强调研讨时间，在时间快结束时应及时提醒学习者剩余时间。

（4）推演

在跨界培训师与学习者互动的过程中通常会得出一些结论，为了让学习者认可结论，跨界培训师应懂得引导学习者进行推演，增加结论的真实性。

推演是指结合所学内容对结论进行解释和说明。在推演的时候一定要注意内容和数据的真实性，涉及复杂的数据可借助计算器推演。这样才能进一步确保结论的真实性和说服力。

（5）演练

演练的目的是将学习者所学的知识转化为实际行为表现出来，使学习者获得感性认识，并产生深刻记忆。

跨界培训师可以通过一些实操活动让学习者参与演练，然后谈谈自己的感受，最后由跨界培训师指出学习者需要改进的地方。为了确保演练效果，跨界培训师应仔细观察学习者的操作流程是否符合课程要求，演练前应要求学习者课前阅读指定资料，达到能完整复述的程度。

以上五种是课堂互动中的基本操作，但并不是说课堂互动中一定必须包含这些基本操作，跨界培训师可以根据学习者需求和实际的课程情况恰当地选择课堂互动的基本操作。

5.3.4　这些参与不是有效互动

一些从其他行业跨界而来的培训师很容易对课堂互动产生误解，他们可能会认为只要学习者参与到课堂中就等于互动，事实上有些参与并不是有效互动，如图 5-25 所示。

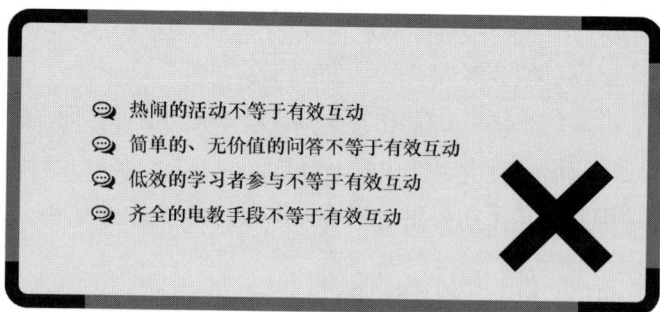

图 5-25　这些参与不是有效互动

（1）热闹的活动不等于有效互动

一些跨界培训师很容易将热闹的活动与有效互动画上等号，于是会采取各种方式让课堂热闹起来，如玩游戏、讲笑话。但是课程结束后，跨界培训师会发现课堂只剩下热闹，其他一无所获，学习者无法理解、内化知识，培训目标无法达成。这种为了热闹而互动的课堂互动就不属于有效互动。

（2）简单的、无价值的问答不等于有效互动

问答是最常用的一种互动形式，其目的是引导、启发学习者，使他们能够主动思考，积极寻找解决问题的方法。达到目的的问答才是有效互动。相反，如果跨界培训师提问只是为了追求课堂表面的互动效果，并不能引导、启发学习者，那就不等于有效互动。

例如，"你们知道这个作者吗？""你们喜欢他吗？"这种停留在比较浅的层面的简单问题，无法给学习者思考的空间。学习者只需要简单的回答"是"或"不是"，无法激起学习者的兴趣，而且很容易使学习者的思维僵化。因此，这种互动不等于有效互动。

（3）低效的学习者参与不等于有效互动

一些跨界培训师认为只要学习者参与课堂活动就等于有效互动。这种认识非常片面，因为学习者很可能为了应付而参与课堂互动，这种参与就不等于有效互动。

例如，跨界培训师安排学习者上台演练，学习者演练结束后对自己为什么会这样操作以及要达成什么样的效果一无所知。这种低效的参与没有任何价值，不等于有效互动。

（4）齐全的电教手段不等于有效互动

一些跨界培训师为了呈现一个优秀的课堂，可能会将自己所掌握的电教手段全部用上，如电脑、幻灯片、投影仪、录像机。虽然在课堂上利用一些电教手段有利于促进与学习者之间的互动，但是并不是说齐全的电教手段就等于有效互动。

跨界培训师应根据课程内容以及学习者的需求，科学、合理地选择电教手段。如果只是机械化地将所有电教手段都用上，那么结果可能不但不能优化课堂教学效果，反而使课堂教学过程显得杂乱无章。在这种情况下，跨界培训师虽然忙忙碌碌，学习者却茫然不解。

有效的互动一定能够产生有效的效果，产生价值，所以跨界培训师在进行课堂互动是应明确什么是有效互动，要为了产出效果而互动。

5.3.5 有效的课堂互动技巧

有效的互动能够提升培训效果，促进培训目的达成。跨界培训师要想做到有效互动应掌握以下几个课堂互动技巧，如图 5-26 所示。

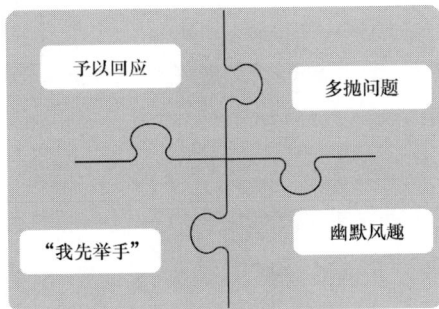

予以回应 　多抛问题

"我先举手" 　幽默风趣

图 5-26 有效的课堂互动技巧

（1）多抛问题

提问是互动效果较好的互动方式，所以跨界培训师在课堂上要懂得在关键点多抛问题。

为了能够在关键点抛出恰当的问题激发学习者主动思考，跨界培训师在提问之前应做到以下几点。

一是准备充分，即根据课程内容准备相关问题。

二是适时而问，提出富有启发性的问题。例如在疑点、难点的时候抛出能够启发学习者思考的问题。

三是根据不同的目的，针对不同的对象提出不同的问题。例如，针对思维较敏捷的学习者和思维比较缓慢的学习者提出的问题应不同。

四是问题难度要适中。

五是提问的方式要多种多样，例如填空式、判断式、发问式、选择式。

（2）幽默风趣

有趣的互动方式更加能够激发学习者的兴趣和积极性，所以跨界培训师与学习者进行互动应做到幽默风趣。跨界培训师可以通过幽默的语言、丰富的肢体动作吸引学习者，让学习者情不自禁跟着你的思路思考。

（3）"我先举手"

有一些学习者有"枪打出头鸟"的心理，在互动的时候他们不想当第一人，所以会导致互动出现冷场、僵局的情况。为了打破互动的冷场、僵局，激发学习者的参与积极性，跨界培训师可以自己先举手，发表一些自己的见解，吸引并鼓励学习者参与互动。

（4）予以回应

互动是一个双向行为，即学习者要积极参与，跨界培训师也要给予积极的回应。因此在互动的过程中，无论学习者回答正确与否，跨界培训师都应给予积极的回应。如果学习者回答正确，则应表扬。如果学习者回答错误，也要进行鼓励，并引导学习者主动思考、寻找解决问题的答案。

除了以上四个技巧，跨界培训师在与学习者进行互动时还应注意以下几个事项。

一是"幽灵互动"。除非你是在无人的教室练习讲课，否则只要有学习者在场，就要真诚、热情与他们互动。

二是无效互动。少讲与课堂无关的内容，容易本末倒置，"刹不住车"。

三是独宠一人。不要一直提问某一位学习者，这样不仅会让该学习者茫然，还会让其他学习者无聊。

四是自问自答。要学会从自己的世界里走出来一点，多照顾一下学习者的情绪。

总的来说，有效的课堂互动一定是学习者热情地参与，跨界培训师积极地回应，最终学习者能学有所获，跨界培训师的培训目标能够达到。如果课堂互动不能取得这样的效果，那么课堂互动就是无效的。

5.4 控制场面：如何掌控课堂现场

学习者作为课堂现场的主体，不仅人数较多，而且职业、年龄、学历、工作经验、生活阅历等背景各不相同，因此在课堂现场的表现也存在很大的差异。跨界培训师如果不能在课堂现场发挥积极的主导作用，掌控好课堂现场，那么很可能导致课堂秩序混乱，培训课程无法顺利地展开。所以无论是线上培训还是线下培训，跨界培训师都应掌控好课堂现场。

5.4.1　线下课堂现场掌控技巧

线下课堂现场是跨界培训师与学习者面对面交流的现场。在线下课堂现场，跨界培训师可能会遇到各种各样的问题。下面介绍几种线下课堂常见的问题和控场技巧，如图 5-27 所示。

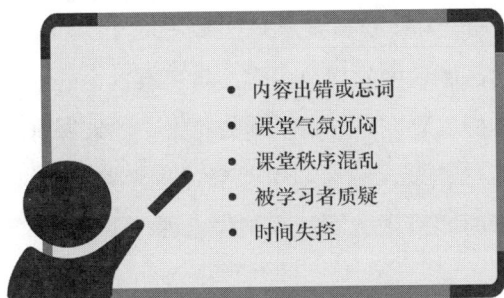

图 5-27　线下课堂互动常见的问题

（1）内容出错或忘词

跨界培训师在讲课的过程中可能会因为一些原因出现讲错内容或忘词的情况。遇到这种情况跨界培训师首先应保持镇定，然后冷静处理。

如果发现内容错误但是不影响学习者对内容的理解，那么可以直接跳过。但是如果错误比较大，会影响学习者对内容的理解，那么应立即道歉并纠正，如"非常抱歉，刚才这部分内容我解读得不够正确，正确的是……"

如果出现忘词的情况，跨界培训师可以通过抛出问题的方式转移话题。例如，"刚才讲的内容你们理解了吗？""你们对此有什么看法？"等。

（2）课堂气氛沉闷

当课堂气氛过于沉闷的时候，培训工作也很难顺利地展开，例如学习者打瞌睡、不积极发言。遇到这种情况，跨界培训师可以采用上一节提到的互动技巧与学习者展开积极互动，调动学习者的积极性，激励学习者参与到课堂互动中。

（3）课堂秩序混乱

课堂秩序混乱是比较严重的课堂问题，会严重干扰培训工作的顺利开展，例如学习者在课堂上随意走动、玩手机、讲话等。遇到这种情况跨界培训师应学会找出问题的根源，并以静制动。例如，某学习者在课堂上一直玩手机，究其原因是他觉得课程太无聊，听不进去，那么跨界培训师就要对课程内容的呈现方式以及讲课方式进行反思，积极探索提升课堂趣味性和吸引力的方法，这样就可以从根源解决问题。

（4）被学习者质疑

被学习者质疑也是跨界培训师在课堂上经常会遇到的问题。遇到这类问题的时候，跨界培训师应虚心接受质疑并针对质疑展开具体分析。

如果学习者质疑的是课程中的部分内容，且还有富余的课堂时间，那么跨界培训师可以跟学习者一起分析、研究，寻找正确的答案。如果课堂时间不够，那么跨界培训师可以先接受学习者的质疑，然后利用课余时间解决问题。例如，"你提出的问题非常好，但是由于课堂时间有限，所以我们先上课，下课的时候我再跟你一起分析、探讨。"

（5）时间失控

时间失控主要分为两种情况，一是时间不够，二是时间太充足。

如果时间不够，就要挑重点内容简略地讲，同时要告知学习者因为时间关系，一些内容不展开讲。当然，剩余的内容可以作为资料发送给学习者，让学习者可以利用课余时间再加强学习。

如果时间太充裕，那么跨界培训师可以做一次较为详细、具体的课堂小结，并邀请学习者发表自己的看法，作为课堂最后的互动。

除了以上几种情况外，跨界培训师在线下课堂现场可能还会遇到其他情景，如学习者因意见不同而争吵，但是无论遇到什么问题，跨界培训师都要镇定自若，保持冷静，这是线下课堂现场的基本技巧。

5.4.2　线上直播课堂现场掌控技巧

线下课堂现场出现的问题在线上直播课堂现场也可能存在，例如讲错内容、忘词、被学习者质疑、时间失控等。在线上直播课堂现场遇到这些问题，跨界培训师可以采用上一节介绍的技巧解决问题。除此之外，因线上直播课堂与线下课堂的不同，线上直播课堂可能还会遇到一些其他问题。下面介绍几种线上直播课堂现场常见的问题和控场技巧，如图 5-28 所示。

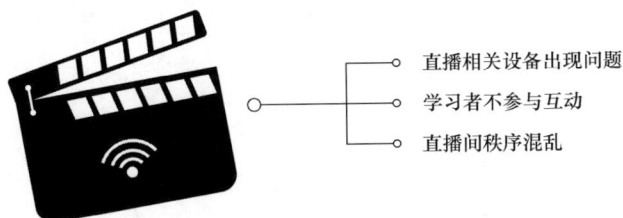

图 5-28　线上直播课堂互动常见的问题

（1）直播相关设备出现问题

与线下课堂不同，直播课堂会用到一些相关设备，如手机、电脑、声卡、网络设备，在直播中这些设备难免会出现问题，而一旦这些设备出现故障，就会直接中断直播，影响培训效果。在面对直播相关设备出现问题时，跨界培训师应立即请身边的专业人士帮助解决问题，并及时安抚学习者的情绪。例如，"很抱歉，我们的网络出现了一点故障，工作人员正在抢修，辛苦大家稍微等一会儿。"

（2）学习者不参与互动

线上直播课堂更强调跨界培训师与学习者之间的互动，即可以帮助跨界培训师了解学习者对所学知识的掌握情况，又能调动直播间的气氛，激发学习者的学习兴趣。如果学习者不积极地参与互动，那么直播课堂的培训效果就会大打折扣。

遇到学习者不参与互动这种问题，跨界培训师应通过提问或一些互动小游戏，引导学习者积极参与课堂互动。

（3）直播间秩序混乱

一些跨界培训师会认为，学习者在屏幕前面学习，不存在课堂秩序问题。虽然如此，但是直播间的言论自由，学习者可以在直播间任意发言。这种情况下，很可能有一些学习者会发表一些不当的言论，或者不利于课程顺利推进的言论。例如，"这种培训课程简直就是鸡肋"，甚至有一些学习者在评论区争吵。这些问题会导致直播间的秩序混乱，严重影响培训效果。

遇到这类问题的时候，跨界培训师应安排相关人员对评论区进行管理，禁止发表不当言论。跨界培训师也要通过正确的方式，引导学习者讨论、交流有价值的，能够促进培训目标达成的内容，如"关于这节课提到的几个知识点你们有什么看法？""你们会如何应用这堂课学习的知识点？"等。

　　线上直播课堂是全媒体时代的一种新兴的培训方式，因为是"新产物"，所以跨界培训师可能还会遇到其他问题。但是遇到问题也不要担心，因为只有不断地遇到问题、解决问题，才能轻松掌控每一个直播课堂。

第6章
培训方法：
不同跨界课堂的培训技巧

　　培训方法是培训师和学习者为完成一定的培训任务，在共同的活动中所采用的培训途径和手段。不同的跨界课堂应使用不同的培训方法，这样才能"对症下药"，达到事半功倍的培训效果。

6.1　线下课堂常用的培训方法

一些刚踏入培训领域的跨界培训师因线下课堂经验不足，通常会采用比较简单的讲授法开展培训工作，即跨界培训师在上面讲，学习者在下面听。久而久之，他们发现这种培训方法的收效甚微。实际上，线下课堂的培训方法有很多种，一些专业培训师在线下课堂常用的培训方法包括：互动式讲授法、头脑风暴法、六环教练法、启发—案例分析法和程序教学法。

6.1.1　互动式讲授法

互动式讲授法是指跨界培训师运用口头语言并辅以其他课堂互动手段，向学习者描绘情境、叙述事实、解释概念、论证原理和阐明规律的培训方法。互动式讲授法是在培训领域应用较广的一种培训方法，可以用来传授新知识，也可以用于巩固旧知识。其他培训方法的运用，几乎都需要同互动式讲授法结合进行。

（1）**互动式讲授法的优缺点**

互动式讲授法作为基础的培训方法有一定的优点，同时也存在一定的缺点。

互动式讲授法主要有以下几个优点。

一是信息量大。学习者可以通过跨界培训师的语言在短时间内获得大量的信息。

二是灵活性大，适应性强。无论是讲授新知识还是巩固旧知识都可以运用互动式讲授法。

三是利于跨界培训师发挥主导作用。跨界培训师在培训过程中要完成传授知识、培养能力、启发学习者自觉性等职能，这些都可以通过互动式讲授法实现。

互动式讲授法主要有以下几个缺点。

一是学习者相对被动，不能照顾学习者的个体差异。

二是学习者以接受的形式学习知识，容易滋生学习者的依赖性和惰性。

三是培训师注重教学方法，忽视对学习者的引导，不利于发挥学习者的主动性。

在运用互动式讲授法之前，跨界培训师应当明确互动式讲授法的优缺点，这样才能确定这种方法是否适合自己的培训课程，满足学习者的需求。

（2）**互动式讲授法的形式**

互动式讲授法主要有三种形式，如图 6-1 所示。

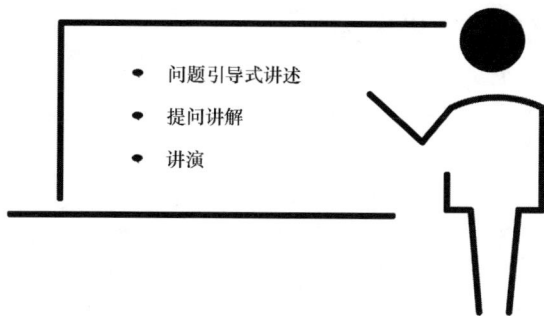

图 6-1　互动式讲授法的形式

一是问题引导式讲述。问题引导式讲述是指跨界培训师针对培训内容提出问题，然后围绕问题生动形象地描绘某些事物的现象，或者叙述事件发生、发展的过程，让学习者更好地理解培训内容。

二是提问讲解。跨界培训师遇到一些比较复杂的问题、概念、定理或原则时，可以通过提问学习者的方式讲解和论证。这种系统的讲解方法能够让学习者更加轻松地理解培训内容。

三是讲演。讲演是指跨界培训师就某一专题进行有理有据、收尾连贯的论说，中间不插入或很少插入其他活动，讲演结束之后再通过提问等方式进行互动，检验学习者的学习效果。讲演主要用于理论性比较强的课程，例如"房屋建筑学"。

（3）互动式讲授法的具体要求

跨界培训师运用互动式讲授法开展培训工作时，还应注意以下几个要求。

一是认真设计问题。互动式讲授法中通常会以问题或提问的形式展开，因此跨界培训师应根据所讲授的知识要点设计针对性问题。

二是教学语言要准确、精练，有严密的科学性、逻辑性。

三是充分贯彻启发式教学原则。跨界培训师讲授时应以学习者为中心，通过问题或提问引导学习者主动思考问题，激发学习者的学习主动性。

四是培训内容应具体形象，联系旧知。对于一些较抽象的概念原理，要尽量结合其他教学方法使之形象化，并且要结合学习者已经学习过的知识，这样更加易于学习者理解。

五是讲授过程中要适当使用板书与直观教具。板书可提示教学要点，显示教学进程，使讲授内容形象化、具体化。直观教具，如地图、图片、图表、模型，可边讲边演示，以加深学习者对讲授内容的理解。

互动式讲授法是一种比较基础的培训方法，对于跨界培训师而言也是一种比较容易掌握的方法。所以刚踏入培训领域的跨界培训师可以先从基础的互动式讲授法入手，开展培训工作。

6.1.2 头脑风暴法

头脑风暴法是指跨界培训师引导学习者就某一课程主题、问题或内容自由地发表意见，在学习者发言的过程中跨界培训师不对其做出任何评价的一种培训方法。简单地说，头脑风暴法是"集思广益"，是一种能够在最短的时间里获得最多的新思想和新观点的培训方法，也是聚合思维训练的一种好方法。

（1）头脑风暴法的优缺点

头脑风暴法主要有以下优点：

一是激发了学习者的想象力，有助于发现新的问题和全新的解决方案。

二是让学习者都参与其中，有助于进行全面沟通。

三是解决问题的速度较快且易于开展。

头脑风暴法主要有以下缺点：

一是学习者可能缺乏必要的技术及知识，无法提出有效的意见。

二是由于头脑风暴法的规则和要求相对松散，因此较难保证学习者按照既定的方向推进。

三是可能会出现特殊的小组情况，导致某些有重要观点的人保持沉默而其他学习者成为讨论的主角。

四是实施成本较高，要求学习者有较高的素质。

跨界培训师在运用头脑风暴法之前应当明确头脑风暴法的优缺点，这样才能确定这种方法是否适合自己的培训课程，满足学习者的需求。

（2）头脑风暴法的具体操作方法

如果跨界培训师运用头脑风暴法开展培训工作，那么还应掌握头脑风暴法的具体操作方法，如表 6-1 所示。

表 6-1 头脑风暴法的具体操作方法

要点	说　　明
方法说明	头脑风暴是通过集体研讨解决问题的一种方法，它追求的是观点和意见的数量和创意，而非"正确性"
使用时机	当一个争论点或问题能从"集思广益"中快速产生收益时使用此方法
所需时间	15 分钟~1 个小时
所需人数	4~20 人
使用要求	问题要明确 自由畅想，打破一切限制 记录所有意见，即使是荒谬和不符合逻辑的 用赞赏而非审慎的态度对待学习者 补充、完善而非批判和质疑 穷尽所有学习者的所有思想
执行步骤	跨界培训师简明扼要地阐明问题，鼓励所有的学习者积极思考，贡献观点 学习者自由发言，跨界培训师记录 在发言过程中，不允许批评和质疑，但可以补充和完善，直至穷尽所有人的所有观点 解释和说明，合并同类观点

跨界培训师可参考表 6-1 介绍的具体方法运用头脑风暴法。

（3）头脑风暴法的实施原则

为了使学习者畅所欲言，互相启发，跨界培训师在运用头脑风暴法的时候还应严格遵循以下几个原则，如图 6-2 所示。

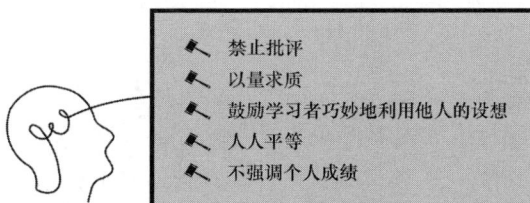

图 6-2 头脑风暴的实施原则

一是禁止批评。跨界培训师不能对学习者提出的任何想法进行批评，也不得阻拦学习者发言。即使自己认为是荒诞的也不可直接驳斥，如"你这个想法太陈旧了"。这样做会影响学习者发言，无法激发出更多新的想法。

二是以量求质。在运用头脑风暴时应告知学习者想法越多越好，要以谋取设定的数量为目标，不强调质量。

三是鼓励学习者巧妙地利用他人的设想。跨界培训师应引导学习者从其他学习者的设想中得到启示，从而激发出新的想法。

四是人人平等。任何学习者的发言都应该被重视，应当记录下来。这样才能让学习者感受到公平，愿意发表自己的想法。

五是不强调个人成绩。运用头脑风暴时不能强调个人成绩，只要学习者发表了想法就要予以鼓励，为学习者营造一个真正畅所欲言的环境。

头脑风暴法主要是用来收集解决问题的意见和建议，能够有效激发学习者的主动思考能力和解决问题的能力。为此，当培训内容中涉及一些疑点、难点时可以运用头脑风暴的培训方法开展培训工作。

6.1.3 六环教练法

教练法是指通过讲解、示范和反复练习，使学习者掌握培训内容的训练方法。六环教练法是指跨界培训师可以按照以下六个步骤实施教练法，展开培训工作，如图 6-3 所示。

图 6-3 六环教练法

（1）说给学习者听

跨界培训师首先应将培训内容告知学习者，这是教练法的基础操作。只有学习者了解并掌握了基础知识和技能，跨界培训师才能在此基础上继续引导学习者思考、学习。

（2）做给学习者看

当培训内容中涉及一些实操性较强的技巧时，跨界培训师还应做给学习者看。为了让学习者进一步掌握技巧，跨界培训师在做给学习者看时应做到以下 3 点。

一是跨界培训师在演示和讲解的过程中应尽量处于一个学习者能够全面观察操作的位置上。

二是向学习者清楚交代操作步骤，以及各个步骤的联系。

三是如果操作方法很复杂，那么应将整个操作方法细化成学习者能够理解、掌握的方法演示、讲解，并强调各部分的要点和难点。

（3）让学习者试着去做

这一个阶段跨界培训师应让学习者试着操作。在学习者操作的过程中，跨界培训师要时刻关注学习者的每一个动作，因为学习者在操作的过程中很可能出现不当操作。如果学习者的不当操作不会出现事故或人身伤害，就不要打扰他们，让他们继续完成操作即可。如果不当操作可能会出现事故或人身伤害，那么应当立刻制止，并向学习者说明原因，然后再引导学习者继续完成操作。

总之这个环节要在确保学习者安全的情况下，放手让学习者操作。

（4）告诉学习者如何改进

在学习者试行操作的过程中，跨界培训师只要仔细观察便能够直观地发现他们存在的一些问题。当跨界培训师发现学习者存在问题时，应告知学习者如何改进。但不是直接告诉学习者改进方法，而是引导学习者思考，让自己寻找改进问题的方法。例如，"为什么最终的结果跟预期不符？你认为问题出在哪里？"

除了要告诉学习者如何改进外，也要告知学习者他们在哪些地方做得不错，并予以鼓励，让他们在以后的学习中继续发挥这些优势。

（5）帮助学习者形成习惯

在教学过程中，跨界培训师应深入了解学习者的优势与劣势，并帮助学习者扬长避短，形成良好的学习习惯。

具体来说，跨界培训师可以定期帮助学习者制订学习计划和改进计划，并实时跟踪，确保学习者可以提升学习效果，形成良好的学习习惯。

（6）鼓励学习者突破自我

为了进一步激发学习者的学习积极性和主动性，跨界培训师应采取一定的方式鼓励学习者突破自我，发挥自己的潜能。例如，跨界培训师可以制定一些奖励规则，如培训课程结束后，考核成绩在 95 分以上的可以获得一份精美礼品。

六环教练法是一个比较系统的教练方法，能够让学习者更深刻地理解、内化知识，尤其能够将被动学习变成主动学习。当学习者能够主动学习时，培训工作就会事半功倍。

6.1.4　启发—案例分析法

启发—案例分析法是指用一个真实的案例或事件，或根据培训目标和学习者的实际情况设计一个案例，通过学习者对案例的分析、研究、讨论，然后得出针对这个案例的解决方法、思路、对策，从而提升学习者解决类似案例问题能力的培训方法。

跨界培训师在运用启发—案例分析法时可以按照以下七个步骤展开，如图6-4所示。

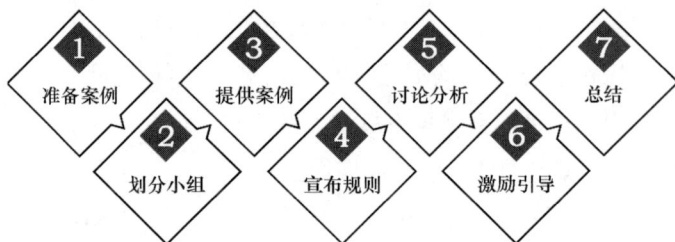

图 6-4　启发—案例分析法的具体步骤

（1）准备案例

在运用启发—案例分析法时，跨界培训师首先应准备案例。准备案例时应注意以下几点。

一是要根据培训目标和内容选择案例，且案例要真实、有效、典型。

二是案例的难易程度和内容要与学习者匹配。

三是对案例的问题要精心设计，问题要能够启迪学习者思考，并且要引导学习者提出解决问题的方案。

（2）划分小组

为了激发学习者的参与兴趣，建议以小组的形式讨论、分析案例。跨界培训师在运用启发—案例分析法时可以根据学习者的人数，将学习者划分为若干个小组，通常建议 3~5 人一组。

（3）提供案例

在这个环节，跨界培训师要将准备好的案例提供给学习者。提供案例的时候，首先应完整地将案例描述一遍，确保案例资料是完善的。为了便于学习者更好地讨论、分析，建议将案例呈现在学习者能够看见的地方，如投影或写在黑板上。

提供案例结束后，跨界培训师还应再次询问学习者对案例是否存在疑问，且要留出一定的时间让学习者熟悉案例，以免影响学习者讨论、分析案例的结果。

（4）宣布规则

为了使学习者能够朝着正确的方向分析案例、思考问题，跨界培训师应制定一定规则并在学习者开始讨论、分析案例之前宣布规则。

启发—案例分析法通常有以下几个规则：

一是每个人都要参与讨论、分析，并发表自己的想法。

二是每组最终内部决定推选一个人为代表，发表小组最终的分析结果。

三是按照"发生什么问题—问题因何引起—如何解决问题—今后采取什么对策"的思路思考问题，并按照这个格式发表小组最终的想法。

（5）讨论分析

讨论分析是启发—案例分析法的核心环节，在该环节跨界培训师应激励学习者充分参与到讨论中，让他们畅所欲言。在这个过程中，只要学习者讨论的内容不偏离案例，跨界培训师就不要打断他们。

（6）激励引导

同一案例由于学习者能力、经历和水平不同，可能解决案例中问题的方法也各不相同，甚至完全相悖。但是无论学习者最终给出的答案是什么，跨界培训师都要激励学习者继续保持这种学习热情，并通过点评引导学习者从多角度、多层次、多渠道去分析、解决案例中的问题，让学习者得到显著提高。

（7）总结

最后，跨界培训师要基于学习者讨论分析的结论进行总结，明确本次案例分析的结论是什么，让学习者看到价值。

启发—案例分析法比较适用于研究"怎么样""为什么"的问题，所以如果培训内容涉及此类问题，那么跨界培训师可以运用启发—案例分析法教学。

6.1.5　程序教学法

程序教学法是依据知名教育心理学家伯尔赫斯·弗雷德里克·斯金纳（Burrhus Frederic Skinner）通过动物实验创立的操作性条件反射学说和强化理论发展起来的一种十分有效的培训方法。简单地理解，程序教学法是指跨界培训师根据学习者的学习步调，将一个复杂的课题按照逻辑顺序细分成很多小课题，学习者按照小单元，由浅至深、由简至繁等程序化的步骤逐渐学到所需的知识和技能。

跨界培训师在使用程序教学法时，可以让学习者之间互动练习，强化对每个单元内容的理解，具体操作步骤如下：

（1）准备阶段

如果跨界培训师要运用程序教学法，那么就要做好以下几项准备工作。

一是跨界培训师要将培训内容分解为若干个一问一答的小单元，并将这些单元按由浅至深、由简至繁的顺序排列。

二是在跨界培训师的建议下，每一个学习者都要寻找自己的"合作伙伴"，并就如何安排角色进行协调，其中一人充当"讲述者"，一人充当"反馈者"。

三是跨界培训师要准备程序资料。资料为一式两份：一份为问答题，发给讲述者；另外一份为问答题的答案，发给反馈者。

四是讲述者与评估者准备纸和笔。

五是跨界培训师对讲述者与反馈者进行指导。指导事项如表 6-2 所示。

表 6-2　程序教学法中对讲述者与反馈者指导

讲述者	反馈者
在练习中处于积极的地位，必须主动用适当的语句表述各内容或回答一个问题	积极聆听，不断给予对方反馈，鼓励对方继续讲述某内容，积极回答问题
当你刚开始练习时，可能会发现很难想出合适的语句表达自己的观点。对于这一点你不用担心，你想说什么就说什么，你的合作伙伴会帮助你描述得更清晰	帮助对方检验学习，以避免错误的学习。如果你发现并不理解对方所表达的内容，或者认为对方认识有误，你绝不能取笑对方，你不妨使用建议的语气说："我不明白你的意思，你能否再进一步解释一下呢？"
不管你一开始表现多么糟糕，不用介意，只要你努力去做好，慢慢地你将被引导朝着正确的方向思考。只有这样，对方对内容的理解和记忆才会得到强化	别试图直接解决对方的问题。你会发现你的思维越来越清晰，你也能越来越能清晰地表达自己的观点
如果回答错误，你的合作伙伴会给予你合适的反馈。只要你愿意，你可以再重复回答，直到你确定答案正确	在你的引导下，对方仍然找不出问题，不要试图直接改正这个错误请对方继续讲下去
完成个人评价表格	完成个人评价表格

个人评价表如表 6-3 所示。

表 6-3　程序教学法的讲述者与反馈者的个人评价

讲述者的个人评价表
你掌握了这一单元的哪些内容
你认为你能够清楚、正确地表述要点，回答问题吗？如果不能，那么存在哪些困难？你又是怎么解决的
你认为你无法清楚、正确表述的要点和问题有哪些？在反馈者的引导下，是否已经得到解决
你认为未能得到解决的疑难点是哪些

反馈者的个人评价表
作为一个反馈者，你认为你是否已经尽责？你认为你哪一方面做得好，哪一方面需要改善
在帮助讲述者学习的过程中，你学到了什么
当讲述者无法清楚、正确地表述要点、回答问题，你是如何鼓励与引导对方的
讲述者未能解决的疑难点是哪些？为什么问题未能得到解决

（2）实施阶段

准备充分之后便可以实施程序教学法。实施阶段，跨界培训师应注意以下几点。

一是每一对合作伙伴选择一个合适的位置，开始进入练习。讲述者进行讲述，反馈者不时鼓励对方继续讲述，并引导对方清楚、正确地表述。

二是当讲述者难以清楚表述某个问题，或者感觉对某个问题的答案把握不准确时应及时与反馈者进行沟通。如"请让我再思考一下""我无法肯定答案，也许我应该这样想……"

三是当反馈者不明白讲述者的表述，或者认为对方出了错时，应提醒对方再三思考。如果在反馈者的帮助下，对方仍然找不出问题，那么先别急着直接给出答案，请对方继续讲述。

四是讲述完毕后，两人独自完成个人评价表，并就评价意见进行沟通。

五是对于讲述者未能解决的疑难点，反馈者应与其展开讨论，直到反馈者掌握正确的答案。

六是反馈者挑选重点的问题，请讲述者做全面的回答，再次强化讲述者对这一单元内容的理解和记忆。

七是互换角色，开始另一个单元的练习。

八是重复以上步骤，直至课程完成。

程序教学法多用于知识类较强或心智类技能的培训中，可以强化学习者对知识的理解和记忆，所以如果培训内容是属于这两类，那么跨界培训师可以运用程序教学法展开培训工作。

6.2　线上课堂常用的培训方法

线上培训相较于线下培训形式比较灵活，内容短小精悍，方便学习者随时随地学习。基于线上培训的这些特点，线上课堂常用的培训方法有点式分享法、翻转式学习法和沟通咨询法。

6.2.1　点式分享法

点式分享法是指每一堂课围绕一个知识点、一个技能点、一个观点、一个方法或一个技巧展开。对于时间碎片化的全媒体时代的学习者来说，点式分享法符合他们的需求，所以是比较受他们欢迎的一种线上培训方法。

某跨界培训师在某平台发布了一篇图文，图文标题为"掌握这些幽默技巧，你也可以成为一个'有趣的灵魂'"。这篇文章总字数 1 500 字左右，只围绕"幽默"这一个技能展开论述，介绍了提升幽默能力的相关技巧。学习者只要花 5~8 分钟的时间就可以读完这篇文章，学习提升幽默的技巧。

时间比较碎片化的学习者一般很喜欢这种点式分享法。

跨界培训师开展线上培训课程时可以使用这种方法。在使用点式分享法时，跨界培训师应注意以下两点，如图 6-5 所示。

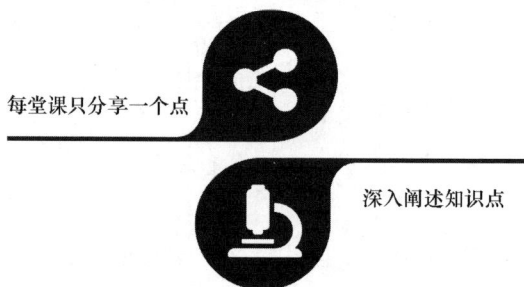

图 6-5　点式分享法的注意事项

（1）每堂课只分享一个点

跨界培训师在运用点式分享法的时候要注意，每堂课只分享一个点。这个点可以是知识点，也可以是技能、观点、方法或技巧。

一方面线上课堂时间通常比较短，在有限的时间里要想分享更有价值的知识就应当求质而不是求量。所以，点式分享法强调在课堂上最好只分享一个点，使得知识价值最大化。当然，如果点比较小，也可以分享两个点。但是不宜超过两个点，且两个点之间要有密切的关联。

另一方面，每堂课只分享一个知识点，便于学习者在碎片时间随时随地学习，可以满足线上学习者的需求。

（2）深入阐述知识点

虽然每堂课只讲一个点，但是不是简单地介绍概念，跨界培训师应围绕这个点进行有效的挖掘和延伸，并针对学习者的实际情况，对知识点中难以理解的地方进行有效地突破。

如果培训内容介绍的是相关概念、观点，最好借助案例、实例说明，以进一步促进学习者理解、吸收概念。

如果培训内容介绍的是方法或技巧，那么一定要详细介绍具体怎么操作，让学习者学完之后就可以将所学到的方法或技巧投入实践，改进问题，提升自己的能力。

总之，无论分享的点是什么，都一定要全面、具体阐述，让学习者学有所获。

6.2.2　翻转式学习法

翻转式学习是指将直接教学（通常指讲课）从集体学习空间转移到个人学习空间，从而把集体空间变成一种动态的、交互的学习环境，培训师在学习者运用概念或创造性地参与培训内容学习过程中给予指导。

相较于线下课堂，翻转式学习更适用于线上课堂。线上课堂更加灵活，学习者可以在线下自主地学习相关知识，学习过程中遇到问题可以随时在线与培训师交流，在培训师的指导下解决问题。简单地说，线上课堂比较灵活，学习者可以随时"翻转"课堂，进行翻转式学习。

某培训师在某平台开展了一期培训课程，参与培训课程的学习者在报名后就可以获得课程全部资料。学习者需阅读全部资料，自主完成学习，并记录自己在学习过程中遇到的问题。自主学习结束后，学习者可以向培训师提出自己在学习中遇到的问题，然后与培训师和其他学习者一起探讨交流问题，寻找解决问题的方法。在这个过程中学习者十分主动、积极，学习效率也非常高。

翻转式学习者既能够增强学习者的主动性，又能够激发学习者积极参与课堂互动，是一个有效的线上培训法。在运用翻转式学习法时跨界培训师应注意以下几个要素，如图 6-6 所示。

图 6-6　翻转式学习法的核心要素

（1）培训内容

培训内容是培训的核心，无论是翻转课堂还是翻转学习，这个核心始终都不会变。因为翻转学习也要围绕培训内容展开，跨界培训师必须明确学习者的学习需求，然后根据此精心设计课程内容。这样学习者才能被培训内容吸引，才愿意主动、积极学习课程内容。

（2）好奇心

实际上，学习者与生俱来就有一些好奇心，他们在学习时会提出各种各样的问题，这种好奇心就是激发他们学习的一种动力。但是传统的教学模式很少会让学习者根据自己的兴趣学习，学习者无法选择学什么以及如何学。慢慢地，一些学习者就对学习失去了好奇心，培训师讲什么他们就听什么。这种被动学习方式无疑会降低学习效率。

翻转式学习改变了传统的教学模式和理念，旨在通过沟通了解学习者的兴趣，并让学习者选择他们感兴趣的课题和内容以及怎么学。当学习者拥有学习自主权和控制权的时候，他们的好奇心也会被点燃。

（3）师生关系

培训师与学习者之间的关系也是翻转式学习法的关键要素，只有在师生关系良好的基础上，翻转式学习法才能顺利地实施。因此，跨界培训师在应用翻转式学习法时，要认真倾听学习者的提问，耐心引导学习者分析问题，积极、热情帮助学习者寻找解决问题的答案，以此建立良好的师生关系。

总的来说，培训内容促进学习更深入，好奇心驱使学习者主动学习，师生关系帮助跨界培训师与学习者建立亲密关系，促进培训工作开展。从某种意义来说，这3个要素的交集就是翻转式学习法的正确体现。

6.2.3 沟通咨询法

沟通咨询法是将学习者与培训师看作人们日常生活中的关系，如客户与顾问，不知者与知道者之间的关系；将学习过程看作客户（不知者）与顾问（知道者）展开沟通、咨询，以取得了解和帮助的过程。

咨询学习法在全媒体时代比较常见，例如一些学习者会在一些问答平台通过提问的方式学习相关知识；培训师通过直播与学习者进行沟通，开展线上咨询与学习活动；培训师召开线上专场答疑会等。

具体来说，咨询学习法主要有以下两个特点。

一是学习氛围好。在沟通咨询法中，学习者是学习的主导者。当他们称为主导者时，他们就会毫无顾虑地敞开心扉与培训师沟通、咨询。培训师在回答的时候也只会给出建议，而不会强制命令。这种互相尊重的学习氛围深受学习者喜欢。

二是学习积极性强。沟通咨询法强调以学习者为核心，重视学习者的价值和积极性。在沟通咨询的过程中，学习者要通过自己的认识提出问题，然后还要对培训师给出的答案进行思考、归纳和总结。整个学习过程充分体现了独立、创造，能够最大限度地调动学习者的积极性。

学习氛围和学习积极性是影响学习者的学习效果的关键因素，所以沟通咨询法也是提高学习效果的好方法。

跨界培训师运用沟通咨询法开展培训工作应注意以下两点，如图 6-7 所示。

图 6-7　咨询沟通法的注意事项

（1）认真倾听，确定自己可以回答

咨询沟通法简单地说，就是培训师与学习者通过沟通、交流帮助学习者解决问题，提升能力。沟通、交流的方式可以是学习者主动提问，也可以是培训师与学习者互相就某个问题进行探讨，但是无论是哪一种咨询沟通方式，跨界培训师都要认真倾听学习者提出的问题或想法，确保自己可以回答或可以提供思考方向。否则，沟通咨询就变成了简单的聊天，没有任何价值，无法帮助学习者提升能力。

（2）答案要专业，不能泛泛而谈

跨界培训师确认自己可以回答学习者的相关问题后便可以进行作答，但是作答一定不是简单地回答"行"或"不行"，"是"或"不是"，或者泛泛而谈，学习者想知其然，更想知其所以然。因此，跨界培训师给出的答案一定要专业，即要从专业的角度深度分析学习者提出的问题，并给出系统、全面、具体的解决方案。解决方案也要具有可操作性，能够帮助学习者解决实际问题。

沟通咨询法其实就是通过交流、沟通这种较为直接、简单的交互方式帮助学习者分析问题、解决问题，能够让学习者在寻求、探索解决问题的思维活动中，掌握知识、培养能力。所以，沟通咨询法也是比较实用且对学习者吸引力比较大的一种培训方法，跨界培训师在线上课堂可以尝试运用这种方法开展培训工作。

6.3 现场指导培训的方法

现场指导培训法又称实践法，是指学习者在实际工作或生活中边干边学，跨界培训师在现场进行指导的一种培训方法。这种培训方法通常用于企业内部的线下培训。现场指导培训能够将培训内容与学习者所从事的工作紧密结合，可以有效提升学习者的相关能力。常见的现场指导法有任务驱动教学法、练习法、工作指导法、个别指导法、欣赏式探寻法和情景模拟法。

6.3.1 任务驱动教学法

任务驱动教学法是指将培训内容巧妙地隐含在每个任务中，让学习者围绕任务展开学习，以任务的完成结果检验和总结过程，改变学习者的学习状态，使学习者主动建构探索、实践、思考、运用的高智慧学习体系。

任务驱动教学法的实施流程如图 6-8 所示。

图 6-8　任务驱动法的实施流程

（1）创设情境

创设情境是指通过直观演示、图片展示、播放视频或录音等方式为学习者再现一个真实的学习环境，便于学习者更好地理解任务，完成任务。

跨界培训师在创设情境时应尽可能保证情境的真实性，并且与当前学习主题相关，使学习者的学习能在与现实情况基本一致或相类似的情境中发生。创设情境后，跨界培训师要引导学习者带着真实的"任务"进入学习情境，使学习更加直观、形象。这样的学习环境能够有效激发学习者的思维和联想能力，唤起学习者所学的相关知识，从而利用相关知识解决问题，完成任务。

（2）确定任务

在创设的情境下，跨界培训师应选择与当前培训主题密切相关的真实性事件或任务作为学习的中心内容，让学习者面临一个需要立即去解决的现实问题，从而使学习者更主动、更广泛地激活原有知识和经验来理解、分析并解决当前问题。

跨界培训师在确定任务时应注意以下几点。

一是注意分解。 跨界培训师要将总体学习目标细分成一个个的小目标——学习模块，并把每一个学习模块的内容细化为一个个容易掌握的"任务"，通过这些小的"任务"来体现总的学习目标。

二是在设计"任务"时，要依据培训内容的特点，科学设计与培训内容相关的任务。

三是设计"任务"时，要注意学习者的认知特点、接受能力的差异。 即使对相同年龄段的学习者，也要充分考虑学习者的个体差异，要将学习目标分层次，针对不同水平的学习者分别提出恰当的基础目标、发展目标和开放目标。在此基础上设计具有一定容量、一定梯度的"任务"，要求所有学习者完成基础目标对应的小任务。在这个过程中，有的学习者会学有所思，有的学习者会学有所创。学有所思的学习者接着完成下一个需要努力才能完成的发展目标对应的任务，学有所创的学习者还应继续完成后面开放性的任务。

（3）自主学习、协作学习

任务驱动教学法不是由跨界培训师直接告诉学习者应当如何去解决面临的问题，而是由跨界培训师向学习者提供解决该问题的有关线索，如需要搜集哪一类资料，从何处获取有关的信息、资料等，强调发展学习者的"自主学习"能力。同时，跨界培训师应倡导学习者之间的讨论和交流，通过不同观点的交锋，补充、修正和加深每个学习者对当前问题的解决方案的理解和记忆。

（4）效果评价

对学习效果的评价主要包括两个方面的内容。一方面是对学习者完成当前问题的解决方案的过程和结果的评价；另一方面是对学习者自主学习及协作学习能力的评价。对这两个方面进行评价的目的是帮助学习者查缺补漏，进一步提升学习者的能力。

任务驱动教学法对达成培训目标有着独特的优势，但是并不是任何培训内容都适用这种培训方法。跨界培训师应根据培训目标、课程内容的性质等实际情况，判断任务驱动法是否适用。

6.3.2 练习法

练习法是学习者在跨界培训师的指导下，依靠自觉的控制和校正，反复地完成一定动作或活动，借以形成技能、技巧或行为习惯的培训方法。从生理机制上说，可以通过练习使学习者在神经系统中形成一定的动力定型，以便顺利、成功地完成某种活动。

按性质和特点来说，练习法一般可分为三类。

一是心智技能的练习，如阅读、作文、计算技能的练习。

二是动作技能的练习，如体育技能、劳动操作技能的练习。

三是行为习惯的练习，如职业习惯、行为习惯、生活习惯的练习。

从具体学科来说，特殊的练习的类别又是多种多样的。例如，沟通技能有听、说、读、写等练习，设计岗位有各种运算、解题、作图、测量等练习。

为了恰当地运用练习法，跨界培训师还应注意以下几个要求，如图 6-9 所示。

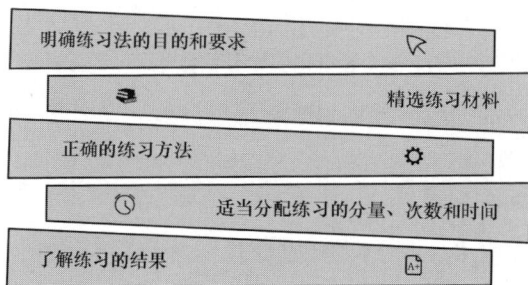

图 6-9　运用练习法的要求

（1）明确练习法的目的和要求

练习虽是多次地完成某种活动，但并不是简单的、机械的重复，而是有目的、有步骤、有指导地形成和改进学习者的技能、技巧，发展学习者能力的过程。因此，跨界培训师在运用练习法时不仅要明确练习的目的，还要让学习者了解每次练习的目的和具体要求，并依靠对教材的理解自觉地进行练习。例如，"本次练习的目的是巩固本节课所学习的内容，具体要求是完成课程结束时布置的五道题目，可与同学讨论完成，也可以独立完成。"

（2）精选练习材料

练习材料要根据练习目的、学习者的实际情况以及学习者的实际需要加以选择。练习材料要加强基本技能的训练，把典型练习、变式练习和创造性练习密切结合起来，努力促进学习者技能的积极迁移。这样才能使学习者能举一反三，触类旁通，从而发展他们的实际操作能力和创造能力。

（3）正确的练习方法

不管选择何种练习方法，都应当按照正确的步骤进行，且要确保可以激发学习者的思维。有的练习材料可采用全部练习法；有的练习材料可采用分段练习法（又称单项或分步练习体系），即把某种复杂的操作活动，分解为几个部分，先专门练习其中的某一部分，然后再过渡到综合练习。练习开始时，跨界培训师通过讲解和示范，使学习者获得有关练习的方法，然后学习者再进行练习。练习应先求正确，后求熟练。

在实际的现场指导中，练习的方式要适当多样化，以提高学习者练习的兴趣和效果。

（4）适当分配练习的分量、次数和时间

技能、技巧或习惯的形成都需要足够的练习，但是练习的分量和次数并非越多越好，应根据培训内容的性质、练习的材料和学习者的年龄特征来确定。关于练习时间的分配，一般来说，适当的分散练习比过度的集中练习的效果更好。在开始阶段练习的次数可以多一些，但是时间不宜太长，然后可以逐渐延长练习的时间间距，每次练习的时间可适当增加。

（5）了解练习的结果

每一次练习之后，跨界培训师都要检查哪些方面有成效，哪些方面存在着缺点或错误，然后保留必要的、符合目的的动作，舍弃多余的动作，或组织一些校正性练习。

练习法在培训领域中得到了广泛的应用，尤其是工具性培训内容和技能性培训内容。练习法对于巩固知识，引导学习者把知识应用于实际，发展学习者的能力以及形成学习者的道德品质等方面具有重要的作用。跨界培训师可以结合学习法的特点以及实际培训需求恰当地运用学习法提升培训效果。

6.3.3 工作指导法

工作指导法又称"教练法""实习法"，是指由有经验的培训师对学习者进行培训，教给学习者如何做，并对学习者进行鼓励的一种培训方法。工作指导法通常能在跨界培训师和学习者之间形成良好的关系，有助于推进培训工作。

工作指导法可以按照以下几个步骤展开，如图 6-10 所示。

图 6-10　工作指导法的操作步骤

（1）准备

跨界培训师首先应确定培训目标，然后制定工作任务表与工作细则，并让学习者做好相关准备工作。例如，准备培训要用的资料。

（2）传授

跨界培训师以工作细则为基准，与学习者一起讨论工作中应该做些什么，然后讲解工作应该怎样做，接着可以就工作步骤与方法进行具体、详细的示范。

（3）练习

学习者对工作熟悉并开始独立操作时，跨界培训师应在一旁做适当辅导，对学习者的准确动作予以肯定与赞扬，对需要改进的动作提出建议。

（4）跟踪

学习者独立工作后，跨界培训师仍要继续对学习者进行观察，并提供明确的支持与反馈，使学习者对培训保持一种积极的态度。

工作指导法并不一定要有详细、完整的培训计划，但应注意培训的几个要点。

一是关键工作环节的要求。明确具体要求，学习者才能正确地做事。

二是做好工作的原则和技巧。学习者掌握工作的原则和技巧才能高效地完成工作任务。

三是须避免、防止问题和错误的出现。避免、防止不必要的问题和错误的出现，既可以增强学习者的自信心，又可以帮助学习者提高工作效率。

工作指导法主要用于指导实际的工作，帮助学习者提升工作效率，所以如果培训内容关于工作技能、技巧方面，那么跨界培训师就可以运用工作指导法开展培训工作。

6.3.4　个别指导法

个别指导法是现场指导培训法的一种特殊形式，它的特点是一对一的现场个别指导，又称为师徒式培训。学习者跟在有经验的培训师后面，一边看、一边问、一边做帮手来学习培训内容。很多企业实行这种帮带式培训方式，其主要通过资历较深的跨界培训师的指导，使学习者能够迅速掌握岗位技能。

个别指导法的具体特点如图 6-11 所示。

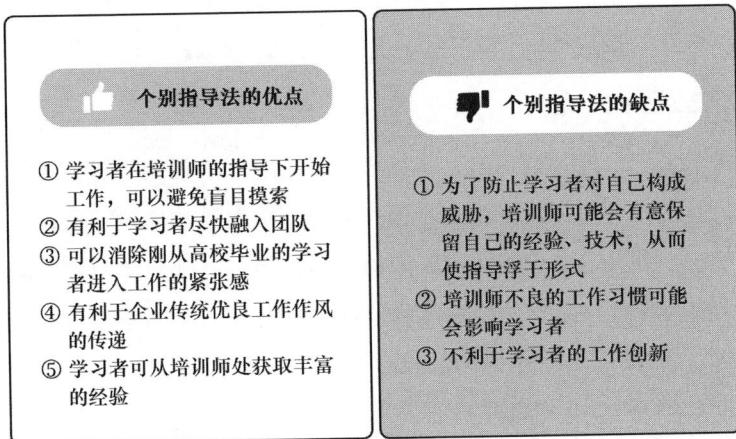

👍 个别指导法的优点	👎 个别指导法的缺点
① 学习者在培训师的指导下开始工作，可以避免盲目摸索 ② 有利于学习者尽快融入团队 ③ 可以消除刚从高校毕业的学习者进入工作的紧张感 ④ 有利于企业传统优良工作作风的传递 ⑤ 学习者可从培训师处获取丰富的经验	① 为了防止学习者对自己构成威胁，培训师可能会有意保留自己的经验、技术，从而使指导浮于形式 ② 培训师不良的工作习惯可能会影响学习者 ③ 不利于学习者的工作创新

图 6-11　个别指导法的优点与缺点

跨界培训师应清楚个别指导法的优缺点，然后再确定是否选择这种培训方法。如果确定运用个别指导法，那么跨界培训师还应注意以下几个要求：

（1）详细诊断学习者的学习情况

跨界培训师应详细诊断学习者的学习情况，了解学习者的优势与劣势，在此基础上针对性地制订培训计划。

（2）确定培训目标

根据诊断的学习情况，与学习者沟通，确定培训目标。培训目标要根据学习者的能力而定，不能过高，也不能过低，应当是学习者通过努力可以达到。培训目标最好细化成教学单元，这样更加利于激发学习者的学习动力，促进目标达成。

（3）准备相关材料

跨界培训师要依据学习者的需要准备好相关培训材料以及视觉辅助教具，也可以将一些学习资料发放给学习者，让学习者提前温习。

满足以上几个要求后，跨界培训师便可以展开一对一个别指导。相对于其他培训方法，个人指导法是比较个性化、灵活的一种培训方法，这种培训方法并没有固定的教学形式，跨界培训师可以根据学习者的需求灵活安排。只要能够帮助学习者解决问题，提升某方面的技能，那么这种方法就取得了成效。

全媒体时代，学习也逐渐趋于个性化的趋势，越来越多的学习者，尤其是企业员工也青睐个性化的个别指导法。所以个别指导法也是全媒体时代的跨界培训师应掌握并灵活运用的一种培训方法。

6.3.5　欣赏式探询法

欣赏式探询法是一种变革方法，跨界培训师通过积极提问，探询学习者内心美好的一面，从而强化学习者的理解能力、预测能力、正向潜能培育能力，实现个人和组织的可持续发展。简单地说，欣赏式探询法就是跨界培训师与学习者之间一对一的深度对话，对话内容涉及学习者的巅峰体验、珍视的事物以及赋予学习者生命辉煌的意义等问题。例如，"描述一下在你的心目中，你所在的组织何时处于巅峰状态？即在何时，你感觉最为投入、生机勃勃且充满活力。"

跨界培训师在实施欣赏式探询法时首先要选择一个乐观的主题，使谈话可以积极地进行。确定好主题后，跨界培训师可以按照以下的操作流程运用欣赏式探询法，如图 6-12 所示。

图 6-12　欣赏式探询法的操作流程

（1）发现

发现是指发现学习者过去和现在的成功因素。在这个环节，跨界培训师要请学习者围绕主题积极地分享自己的想法，从而发现学习者的成功因素。

（2）梦想

"你的梦想是什么？""具体到当下我们想要实现什么样的目标？"通过这些问题可以让学习者看清自己以及团队成员的更多可行性，这样学习者就有信心挑战更高远的目标。

（3）设计

设计是达到愿景，实现目标的道路。跨界培训师应带领学习者积极探询所拥有的资源，然后进行组织设计、流程设计，保障学习者可以充分发挥优势，实现自己的梦想。

（4）实现

实现是指执行设定的行动计划，实现梦想和目标。在该过程中，跨界培训师要增强"肯定能力"，多肯定、表扬学习者，使学习者有充分的信心，可以持续发挥自己的优势，创造更好的成绩。

欣赏式探询法的操作流程是一个循环的过程，对不同的个体循环使用可以极大地挖掘个人的潜力；对大团队整体多次循环使用，会使每个环节的思考和探索更加深入有效。跨界培训师可以根据实际需求恰当地运用欣赏式探询法。

6.3.6　情景模拟法

情景模拟法是指通过模拟一个真实的工作情景或解决问题的情景，可以是短剧、示范等形式，然后组织学习者对这个情景进行观察、学习、模仿。这样可以让学习者从情景中学习解决问题的方法，从而使学习者逐步学会解决工作和生活中的问题，树立正确的价值观念，并养成良好行为的一种培训方法。

跨界培训师在运用情景模拟法开展培训工作时应注意以下几个要求。

一是情景真实、准确。情景模拟法追求情景的真实性和准确性，所以跨界培训师在使用情景模拟法时首先必须确保情景的真实性和准确性。

二是有剧情变化。情景的剧情一定要有变化，这样才能激发学习者的兴趣，让学习者乐意参与其中。

三是有示范要点。情景模拟法的核心是让学习者从情景剧情中学习解决问题的方法，所以情景中一定要有示范要点。

四是有脚本和模拟前的彩排。为了呈现一个良好的情景效果，跨界培训师在运用情景培训法之前应根据培训目标和培训课程的具体内容撰写脚本，并在模拟前进行彩排。

明确以上几个要求后，跨界培训师便可以运用情景模拟法开展培训工作，具体操作流程如图 6-13 所示。

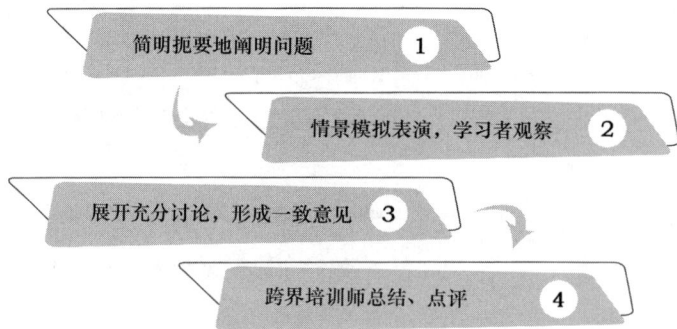

图 6-13　情景模拟法的操作流程

（1）简明扼要地阐明问题

模拟之前跨界培训师应简明扼要地阐明问题，概述观察点，让学习者带着问题去观察情景，然后从中找到解决问题的答案。否则，学习者观察情景的时候就没有目标，很容易感到茫然，最终可能无法找出解决问题的答案。

（2）情景模拟表演，学习者观察

按照之前的脚本展开情景模拟表演。在表演之前应要求学习者注意以下两点。

一是认真观察，不要交头接耳。

二是非必要不要大段表演过程，有问题可以记录下来，等表演结束之后再提问。

这样做是为了确保情景模拟表演可以完整、顺利地进行，让学习者可以更好地观察问题，找到解决问题的答案。

（3）展开充分讨论，形成一致意见

情景模拟表演结束后，学习者要围绕模拟前提出的问题展开充分讨论，然后形成一致意见。

（4）跨界培训师总结、点评

学习者讨论结束并形成一致意见后，跨界培训师还应对情景模拟法的整个过程以及学习者的讨论结果进行总结、点评，进一步强化学习者对问题的理解和记忆。这样以后学习者遇到类似的问题时就知道如何解决。

通常情况下，当需要以组织或团队的形式共同完成技能提升、行为改善或问题处理时可以使用情景模拟法。

6.4　不同职业工种的培训方法

培训方法虽然有很多种，但是不同的职业工种适用的培训方法不同。跨界培训师

应根据不同职业的特点选择合适的培训方法，这样才能起到事半功倍的效果。本节重点介绍常见的知识型职业、操作技能型职业和复合型职业 3 种职业工种的培训方法。

6.4.1　知识型职业的培训方法

知识型职业是指要运用相关概念、知识或信息工作的职业，如企业管理者、作家。跨界培训师在开展知识型职业培训工作时可以采取以下几种培训方法，如表 6-4 所示。

表 6-4　知识型职业的培训方法

互动式讲授法		互动式讲授法在本章 6.1 节有详细阐述，可参考
小组研讨法	方法说明	小组研讨法是将学习者分成小组，集中在一起就某个话题展开讨论，培训师在旁进行观察，了解学习者对学习内容的看法和理解的一种培训方法
	目的	提高学习者的能力，培养意识，交流信息，产生新知
	优点	①强调学习者的积极参与 ②鼓励学习者积极思考 ③学习者主动提出问题，表达个人的感受 ④有助于激发学习者的学习兴趣
	缺点	①运用时，对跨界培训师的要求较高 ②讨论课题选择的好坏将直接影响培训的效果 ③学习者自身的水平也会影响培训的效果 ④不利于学习者系统地掌握知识和技能
	所需时间	15 分钟 ~2 个小时，视问题的复杂性而定
	使用要求	①每次讨论要确定明确的目标，并让每一位学习者了解这些目标 ②激发学习者对讨论的问题发生内在的兴趣，并启发他们积极思考 ③最终要统一意见
	使用时机	①分析一种情况时 ②强化概念时 ③学习者对讨论的题目已经有所了解时
	使用方法	①开放讨论：由培训师引导 ②小组讨论：分成小组，然后陈述小组讨论结果
	讨论步骤	①介绍：把讨论的目的和方法向各小组做出说明 ②讨论：小组成员就讨论话题发表意见，互相交流 ③结束：由各小组对讨论结果作总结发言
程序教学法		程序教学法在本章 6.1 节有详细阐述，可参考
练习法		练习法在本章 6.3 节有详细阐述，可参考

6.4.2　操作技能型职业的培训方法

操作技能型职业是指需要具备一定的技能并要进行实际操作的职业，如机器操作员。跨界培训师在开展操作技能型职业培训工作时可以采取以下几种培训方法，如表6-5所示。

表6-5　操作技能型职业的培训方法

工作指导法		工作指导法在本章6.3节有详细阐述，可参考
个别指导法		个别指导法在本章6.3节有详细阐述，可参考
工作轮换	方法说明	工作轮换法是指为了提高员工的不同工作技能，通过短期的工作调动，在组织的几种不同职能领域中为员工做出一系列的工作任务安排，或者在某个单一的职能领域或部门中为员工提供在各种不同工作岗位之间流动，从而促进员工积累更多的工作经验，提升多种技能的培训方法
	优点	①有利于促进员工对组织不同部门的了解，从而对整个组织的运作形成一个完整的概念 ②有利于提高员工解决问题的能力和决策能力，帮助他们选择更合适的工作 ③有利于部门之间的了解和合作
	具体形式	学习者到不同部门考察工作，但不会介入所考察部门的工作 学习者介入不同部门的工作
	注意问题	①对工作进行分析，明确哪些职位之间可以互相轮换。一般来说，职位间的工作轮换首先从同一个职位类别中的职位之间开始，然后再考虑不同职位类别之间的工作轮换 ②工作轮换必须有序进行，以免影响正常的工作秩序和工作效率 ③应充分考虑学习者个人的意愿，不能进行强制性的工作轮换。因为，有些学习者不一定喜欢过多地尝试新的职位，而是希望专注于一个领域深入发展
特别任务法	方法说明	特别任务法是指培训师通过针对性安排专门的、特别的工作或任务，由学习者独立完成，使学习者在完成任务过程中学习到某项特别的能力或特别的技能，从而达到培训的目的
	注意问题	①任务的设计必须真实，工作场景必须与真实技能应用环境相近或相似，尽可能减少学习者的学习转化障碍 ②安排任务的时候，学习者必须有一定的相关基础技能和基础知识，同时培训师要进行执行任务前的安全教育 ③特别任务法应用时，要有任务完成的标准要求以及相关的示意图等

6.4.3　复合型职业的培训方法

复合型职业是指涉及各个方面的知识与技能的职业，如复合型翻译员。跨界培训师在开展复合型培训工作时可以采取以下几种培训方法，如表6-6所示。

表 6-6　复合型职业的培训方法

案例分析法		案例分析法在本章 6.1 节有详细阐述，可参考
头脑风暴法		头脑风暴法在本章 6.1 节有详细阐述，可参考
六顶思考帽	方法说明	"六顶思考帽"方法是一种水平思维框架，学习小组交替运用不同的视角来看待问题、分析问题，从而得到对问题的完整认识的一种培训方法
	目的	①使学习者混乱的思考变得更清晰 ②使学习小组中无意义的争论变成集思广益的创造 ③使每位学习者变得富有创造性
	思考帽的含义	白帽子：白色思考帽的直接目的在于搜寻和展示信息，它的另一种表述是"请只给我事实，不要给我论点" 红帽子：直觉感受。对面临的问题的主观感受，不要做解释和评判，仅仅是未经理性分析的直觉感受，学习者可以把自己中立的、怀疑的、没有把握的感觉表述出来 绿帽子：绿色意味着生机盎然、创意思考，学习者从新的角度提出问题、分析问题，得到新的启迪，找到解决问题的新的方案 黑帽子：谨慎小心，从可能出现的问题角度对解决问题方案进行评价，分析可能会出现什么问题，潜在的困难可能会是什么 黄帽子：积极正向，评价一个意见的价值和优点，此建议能够带来什么好处，肯定别人的观点，对别人的意见给予完善和补充 蓝帽子：在讨论过程中，蓝色思考帽负责组织和管理讨论的过程，它明确讨论的目标，制定讨论的规则，维持小组纪律，控制研讨的进程，必要的时候，得出阶段性的结论并明确下一步努力的方向
	所需时间	30 分钟~2 个小时，视问题的复杂性而定
	使用时机	当需要提供建设性的意见或需要对某项决策进行系统评估的时候，可以使用六顶思考帽
	使用步骤（举例）	①陈述问题（白帽子） ②提出解决问题的方案（绿帽子） ③评估该方案的优点（黄帽子） ④列举该方案的缺点（黑帽子） ⑤对该方案进行直觉判断（红帽子） ⑥总结陈述，做出决策（蓝帽子）
行动学习法	方法说明	行动学习法就是通过行动来学习，即通过让学习者参与一些实际工作项目或解决一些实际问题，透过行动实践学习相关知识
	公式	行动学习可以表述为公式：AL=P+Q+R+I AL（Action Learning）：行动学习 P（Programmed Knowledge）：结构化的知识 Q（Questions）：质疑（问有洞察性的问题） R（Reflection）：反思 I（Implementation）：执行 即：行动学习=结构化的知识+质疑+反思+执行

续表

行动学习法	六个要素	问题、小组、培训师、学习承诺、付诸行动、质疑与反思的过程
	四个层面	①行动学习是一小组人共同解决组织实际存在问题的过程和方法。行动学习不仅关注问题的解决，也关注小组成员的学习发展以及整个组织的进步 ②行动学习是一个从自己行动中学习的过程，行动学习的关键原则：每一个人都有潜能，在真正"做"的过程中，这个潜能会在行动中最大限度地发挥出来 ③行动学习通过一套完善的框架，保证小组成员能够在高效解决实际存在的问题的过程中实现学习和发展。行动学习的力量来源于小组成员对已有知识和经验的相互质疑和在行动基础上的深刻反思 ④行动学习是一种综合的学习模式，是学习知识、分享经验、创造性研究解决问题和实际行动四位一体的方法
	步骤	

以上三种是比较常见的职业工种，跨界培训师可以根据学习者的职业性质针对性选择培训方法。但是以上介绍的方法并不是固定不变的，具体还应根据培训内容以及学习者的需求进行适当调整。

第 7 章
效果评估：
跨界培训的最后一课

　　培训效果评估是在学习者完成培训任务后，对培训计划是否完成或达到效果进行的评价、衡量。培训效果评估是检验培训工作做得好坏的重要手段，是跨界培训师在培训工作中不可或缺的一个重要环节。

7.1 培训效果由谁评价

以往的培训效果评价往往是由培训师做出，这种评价方式比较片面，不利于培训师从不同的角度考察学习者，了解学习者，也不利于学习者从不同的角度认识自己。所以，培训效果评估应当从单一的评价主体升级为多元化评价主体，即要由培训师、学习者以及学习互评和小组评价，共同对培训效果进行评价，从而确保培训效果评价的全面性和有效性。

7.1.1 培训师

培训师作为培训工作的实施者，是对学习者在培训课堂上的表现比较熟悉，了解学习者的优势、劣势，能够将观察结果转化为有用评价信息的人，所以培训师是培训效果评价的主体之一，且是比较关键的评价主体。

为了确保培训结果评价的有效性，培训师在培训效果评价的过程中应注意以下两点，如图 7-1 所示。

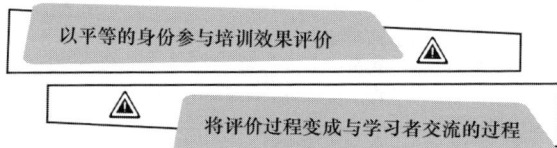

以平等的身份参与培训效果评价 ⚠

⚠ 将评价过程变成与学习者交流的过程

图 7-1　培训师在培训效果评价过程中的注意事项

（1）以平等的身份参与培训效果评价

培训师应以与学习者平等的身份参与培训效果评价，师生之间不存在身份上的差距。这样才能有效避免培训师因身份原因对学习者做出主观评价，影响培训评价的效果。

（2）将评价过程变成与学习者交流的过程

在实际的培训效果评价过程中，培训师不应直接评价学习者是正确的或错误的，而应将评价的过程变成平等地与学习者交流的过程。在平等的交流过程中，培训师可以发现学习者的个性、特长，了解学习者在某一方面的努力和进步，明确学习者的发展需求以及学习者有待解决的问题。在此基础上，培训师才能对学习者进行真实、有效的评价。

培训师对培训效果进行评价，一方面可以发现学习者在学习中存在的问题，并帮助学习者改进问题，提升能力；另一方面也可以看到自己的不足之处，从而优化培训方案，提升培训效果。当学习者的能力提升，培训效果更进一步的时候，培训才算获得了成功。所以，培训师必须参与培训效果评价，并认真做好这件事。

7.1.2　学习者

学习者作为培训效果评价的主体是指学习者在培训课程结束后，应依据一定的评价标准对自己的学习行为以及学习结果进行评估。这个过程是学习者自我认识、自我分析、自我提高的一个过程。

让学习者进行自我评价主要有以下两个作用，如图 7-2 所示。

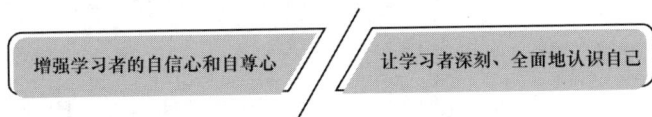

增强学习者的自信心和自尊心　　让学习者深刻、全面地认识自己

图 7-2　让学习者进行自我评价的作用

（1）增强学习者的自信心和自尊心

学习者自我评价使学习者从被动的评价接受者成为评价活动的积极参与者，这种角色转变不仅极大地降低了学习者以往经常为应付测验而产生的焦虑感，还能够增强学习者的自尊心和自信心。

（2）让学习者深刻、全面地认识自己

让学习者进行自我评价，能够让学习者调动自己的思维，对自己的学习效果进行全面的自我诊断，这样他们才能更深刻、全面地认识自己，看到自己的优势和不足之处。

对学习者来说，自我评估的过程就是深刻认识自己的过程，也是提高能力的一个过程。学习者对自己的认识越深刻，越清楚自己要提升哪些方面的能力，从而可以查缺补漏，不断地提升自己。

7.1.3　学习者互评和小组评价

学习者互评和小组评价也是学习者作为主体参与培训效果评估的一种形式。学习者互评和小组评价是学习者利用已有知识和经验对目标对象学习的正、误进行分析和判断，并给出评价意见的一种评价方式。

学习者互评和小组评价主要有以下几个作用，如图 7-3 所示。

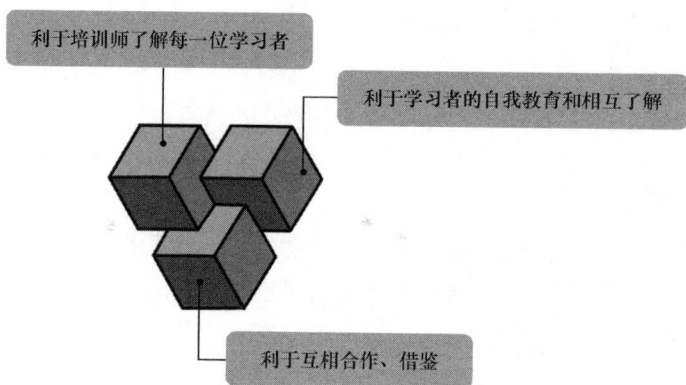

利于培训师了解每一位学习者

利于学习者的自我教育和相互了解

利于互相合作、借鉴

图 7-3　学习者互评和小组评价的作用

（1）利于培训师了解每一位学习者

由于种种原因，培训师很难做到对每一位学习者了如指掌，因此对学习者进行评价时难免会掺杂一些个人主观色彩。组织学习者互评和小组评价可以有效解决这个问题，让培训师通过其他人对学习者的评价更全面地认识、了解每一位学习者。对学习者的了解越全面，越利于培训师展开培训工作。

（2）利于学习者的自我教育和相互了解

学习者在互相评价的时候，能够实事求是、中肯地指出他人的优点与缺点，也很容易联想到自己，看到自己身上的不足之处，所以这种互相评价的方式是学习者自我教育的好方式。这种方式不仅能让学习者深刻认识自己，还有助于学习者之间的相互了解。

（3）利于互相合作、借鉴

学习者互评和小组评价的过程不仅是一个发现问题的过程，也是一个解决问题的过程。因为在评价的过程中，学习者可以发现彼此身上的优势，然后可以借鉴对方的优势，改正自己的问题。这样可以有效地提高学习者的学习能力。

从培训效果评价的角度看，通过培训师评价、学习者自我评价、学习者互评和小组评价的多元主体评价来综合评价培训效果，能够客观、全面地反映学习者对所学知识掌握的实际情况，有利于培训师制订下一步的培训计划，或者制订帮助学习者改进的计划。因此，培训效果不能只由某一个人进行评价，而应当由培训师、学习者和小组进行多元评价。

7.2 培训效果评估的五大原则

为了确保评估效果的真实性、有效性，跨界培训师在进行培训效果评估的过程中应遵循五大原则：参与性原则、过程性原则、综合性原则、自主性原则以及激励性原则。

7.2.1 参与性原则

培训强调学习者在参与活动中学习、培养能力，培训效果评估是培训工作的最后一个关键活动，同样强调参与性。

培训效果评估的参与性原则主要体现在以下两个方面，如图 7-4 所示。

培训效果评估的参与性原则的体现	
1	强调对学习者的参与情况和参与态度进行考核
2	重视学习者主体参与评价的全过程

图 7-4　培训效果评估的参与性原则的体现

（1）强调对学习者的参与情况和参与态度进行评估

学习者最终的学习效果较好，并不一定说明培训效果好，也可能是因为学习者本身能力很强。所以，在进行培训效果评估时还应对学习者的参与情况和参与态度进行评估，以从中发现培训过程中可能存在的问题，并积极寻找解决问题、优化培训效果的方案。

例如，学习者参与态度不积极是因为跨界培训师上课的方式无聊。得出原因后，跨界培训师便可以针对性改进培训方法，提升学习者的参与积极性。

（2）重视学习者主体参与评估的全过程

在本章 7.1 节我们提到学习者也是培训效果评估的主体，这一点就体现了培训效果的参与性原则，即要重视学习者主体参与评估的全过程。让学习者参与培训效果评估的全过程主要有两个作用。

一是实现学习者与跨界培训师之间更好的沟通。培训效果评估过程也是学习者与跨界培训师沟通、交流的一个好契机，有助于跨界培训师更好地了解学习者的想法和需求，也有助于学习者了解跨界培训师对他们的学习期望。这样的沟通过程可以促进学习者与跨界培训师达成目标一致，有助于实现培训目标。

　　二是加强学习者的自我管理。学习者在参与培训评价的过程中能够更加深刻地发现自己在学习过程中的问题，接下来他们就知道要如何调整自己的学习计划，针对性地改进问题，优化学习方式，达成学习目标。

　　培训效果评估的参与性原则是基础原则，只有让学习者参与进来，培训效果评估工作才能全面、深入、有效地展开，达成理想的评估效果。

7.2.2　过程性原则

　　培训，尤其是技能方面的培训，特别关注学习者在参与培训活动的过程中不断实践、体验，从而将知识转化为能力。因此，培训效果评估应重视在培训过程中对学习者的学习效果进行评估，包括对学习者的学习态度、学习参与程度、学习技能和方法的应用、认知水平的提高等方面进行跟踪、动态的过程性评价。

　　跨界培训师在对学习者学习过程进行评价时应重点关注以下两个环节：

　　课程开始前环节：

　　是否预习；对将要学习的内容是否了解；是否有较为明确的学习目标。

　　课程进行环节：

　　课堂注意力是否集中，能否积极参与培训的全过程。

　　能否与培训师进行积极互动，完成各自培训活动。

　　参与体验、感知等实践活动的程度如何，是否可以自己完成分析、理解等认知活动。

　　能否发现并提出问题，并积极探寻答案。

　　能否积极思考问题，并积极、主动提出自己的观点或见解。

　　能否与其他学习者交流、合作，尊重、理解或帮助其他学习者。

　　能否应用各种学习技能和方法，并创新学习的方式和方法。

　　能够理解、记忆所学知识。

　　能否发现自己在学习过程中存在的问题，并及时改进或调整。

　　学习效果是否显著，能否获得成就感。

　　…………

　　跨界培训师在对学习者学习过程进行评估时必须打破"一考定终身"的旧观念，应坚持多元化、个性化和客观、公正的原则。这样跨界培训师才能客观地看待学习者的学习过程，从而才能对学习者的学习过程做出有效评估。

7.2.3　综合性原则

培训效果评估是对学习者的认知、情感、技能和能力发展等多个方面进行的综合评估，能够更加客观、真实、有效地反映学习者的学习成绩和发展情况。因此，跨界培训师在进行培训效果评估时应遵循综合性原则。

综合性原则主要体现在评估内容的全面化，即跨界培训师既要关注学习者的学习结果，又要关注学习者在学习过程中的变化和发展；既要关注学习者的学习水平，又要关注学习者在学习中表现出来的情感、态度和价值观。

例如，学习者的自主学习能力、观察分析能力、与其他学习者的沟通交流能力、语言表达能力、创新能力等均可以成为评估的内容。具体评估哪些内容，跨界培训师应根据培训目标、课程内容以及学习者的实际情况而定。

综合性原则的本质是要求跨界培训师更加全面地看待学习者，让学习者更加全面地看待自己，这样有助于全面发现学习者的优势和劣势，进而帮助学习者优化、调整学习方式，促进学习者全面发展。

7.2.4　自主性原则

培训课程的实施是以学习者为主体的学习，强调在培训过程中学习者的自主发展。自主发展是指在跨界培训师的引导下，学习者在活动中进行主体性学习，即学习者自主地参与活动学习并在活动学习中得到实实在在的收获。

从一定程度上说，培训的整个过程度应由学习者自主完成，学习者既是培训活动的参与者，又是培训活动的创造者，对自己的培训工作具有第一发言权。这个第一发言权是指学习者应遵循效果评估的自主性原则，进行自我评价。

跨界培训师在进行培训效果评估时应引导学习者进行自我评价，并告知学习者进行自我评价时应注意以下两点，如图 7-5 所示。

自主性原则的注意事项	
1	"自我评价"不等于"自我检讨"
2	不要泛泛而谈，要给出具体的改进方案

图 7-5　自主性原则的注意事项

（1）"自我评价"不等于"自我检讨"

"自我检讨"主要是就自己存在的问题进行反思，但是"自我评价"不只是评价问题，也要评价自身的优点。所以在学习者进行自我评价时，跨界培训师应告知学习者要全面地看待自己，要看到自己的缺点，更要看到自己的优点。这样才能在下一次培训课程的学习中扬长避短，提升学习效果。

（2）不要泛泛而谈，要给出具体的改进方案

学习者在进行自我评价时不能泛泛而谈，而要深刻思考问题并给出具体的改进方案。

例如，某位学习者在进行自我评价时认为自己上课的时候注意力不够集中，学一会儿就想翻翻手机，上网查看一些信息。针对这类问题，学习者可以提出具体的改进方案，比如上课的时候关闭手机。

当学习者对问题进行深入思考，他们就会更深刻地看到问题背后的原因，进而针对性寻找解决问题的方案。所以，跨界培训师应引导学习者进行深入思考，要让他们知道问题"是什么"，更要让他们知道"为什么"以及"怎么做"。

在培训效果评估过程中，让学习者学会积极、科学地自我评价是培训的基本任务之一，可以更好地激发他们的自主性和学习动力，提升培训效果。

7.2.5　激励性原则

知名教育家第斯多惠曾说："教学的艺术不在于传授的本领，而在于激励、互换和鼓舞。"教学只有对学习者产生一定的激励性，学习者才能自主、积极地学习。培训也是如此，且这一理念贯穿整个培训过程。因此，在进行培训效果评估时也应遵循激励性原则。具体来说，激励性原则有以下几个作用。

一是有利于增强培训效果。培训效果通常取决于能力和动机激发两个关键因素。在能力一定的情况下，动机激发程度越高，培训效果就越显著。

二是有利于培训的持续展开。如果说学习者是培训活动的资源，那么学习者的学习意愿就是培训活动的催化剂。激励能够在一定程度上激发学习者的学习意愿，使学习者对学习充满热情，从而促进培训工作的开展。

三是有利于培育学习者终身学习的理念。有效的激励能够激发学习者的学习意愿，且能够持续让学习者保持这种意愿，促进学习者不断地学习，建立终身学习的理念。

除了以上几点外，激励还可以提升学习者的自信心和自尊心，促使学习者在学习中不断地提升自身能力，发挥自身的特长。因此，跨界培训师在进行培训效果评估时一定要遵循激励性原则。

跨界培训师遵循激励性原则进行培训效果评估时应注意以下两点，如图7-6所示。

图 7-6　激励原则的注意事项

（1）评估要基于事实

激励性评估要基于事实，不能为了激励而盲目夸赞学习者，这样的激励也是无效的。

跨界培训师在进行培训效果评估时首先要基于学习者的实际培训情况对学习者进行评价，其次评价的语言要恰如其分，不能空泛。例如，"某学习者某方面的知识技能掌握得很牢固，主要掌握了……"这种激励性的评价才能真正激发学习者的学习意愿和热情。

（2）激励要适度

激励要适度是指在激励的限度既要符合学习者所取得的成绩和付出努力的多少，又要注意现有的能力和能够开发的潜在能力。激励不足或者激励过度都是不可取的。

跨界培训师必须意识到一味激励和一味惩罚的效果一样，这种并不需要做出什么成绩就可以获得的激励并不能激发学习者的学习意愿。所以，跨界培训师在进行培训效果评估并对学习者进行激励时，应根据学习者的实际成绩、付出的努力以及学习者的潜能而定，不能盲目激励。这样才能有效地促进学习者进步、发展，才属于有效的激励。

总之，在培训效果评估中遵循激励性原则，能带动学习者的非智力因素的提高，从而提高学习者的学习意愿和学习积极性，促进学习者智力最大限度地发挥。

7.3　培训效果常用的评价方法

通常评价培训效果的方法有 3 种：培训成果展示评价法、"成长记录袋"评价法以及考试与测评评价法。

7.3.1　培训成果展示评价法

培训成果展示评价法是指学习者在培训活动结束以后，将自己在培训活动中取得的成果、体会和收获通过一定的形式展示出来，并由跨界培训师和学习者对展示的内容进行评价。

培训成果展示法是双向互动型评价，学习者不仅要将自己所掌握的知识展示出来，还要与培训师交流，口头阐述自己的成果。这个过程能有效促进学习者的知识内化，提升学习者的学习效果和学习能力。

那么跨界培训师应如何指导学习者进行成果展示，展开培训效果评价工作呢？培训成果展示法的操作流程如图 7-7 所示。

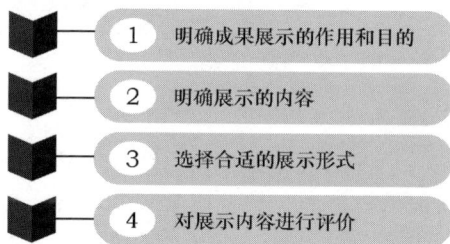

	1	明确成果展示的作用和目的
2	明确展示的内容
3	选择合适的展示形式
4	对展示内容进行评价

图 7-7　培训成果展示法的操作流程

（1）明确成果展示的作用和目的

培训重在学习过程，重在学习者亲身参与探索培训活动获得的感悟和体验，重在培养学习者的自主能力和意识。成果展示就是将学习者在培训过程中的体验结果与其他学习者和培训师交流，起到共同学习、互相激励、取长补短的作用。成果展示要想起到这些作用就不能为了展示而展示，走形式主义，而要实事求是地展示，否则对学习者毫无意义，无法起到提升能力的作用。

（2）明确展示的内容

跨界培训师在指导学习者进行成果展示时，一定要让学习者清楚他们需要展示哪些内容，这是培训成果展示评价法的前提。

首先，跨界培训师要让学习者理解什么是成果。成果就是学习者在整个培训过程中的收获，知识、技能、体验、认识、方法，以及情绪、态度上的提升都属于成果。

其次，跨界培训师应引导学习者与其他学习者展开讨论，或者引导学习者独立思考、回顾，明确自己在培训活动中获得的成果，并一一列举出来。

有了明确的内容，培训成果展示法便可以按照一定的形式顺利地展开。

（3）选择合适的展示形式

展示培训成果的形式有很多种，从不同的角度可以分为动态展示和静态展示两种。动态展示是指以动态的方式展示培训成果，如口头展示、演讲展示、短视频展示；静态展示是指以静态的方式展示培训成果，如调查报告、模型、体验日记。

动态展示和静态展示可以单独使用也可以结合使用，例如学习者在展示模型时可以口头介绍模型，在展示调查报告时可以谈谈调查的经过和收获。具体使用哪一种展示方式，学习者可以根据展示内容的性质而定，只要能够全面、生动地将内容展示出来即可。

（4）对展示内容进行评价

内容展示结束后，跨界培训师和学习者应根据展示的内容，对培训效果进行评价。培训成果展示评价法主要评价学习者对所展示内容的运用水平、情感态度以及价值观。因此，跨界培训师和学习者在对展示内容进行评价时应关注这几个方面。

培训成果展示评价法能够充分体现以跨界培训师主导，以学习者为主体的培训理念，符合学习者身心发展的规律，能够充分挖掘学习者各方面的潜力，调动学习者的主动性和积极性，是一种提高培训效果的高效评价法，也是跨界培训师应掌握的培训效果评价法。

7.3.2　"成长记录袋"评价法

"成长记录袋"是一种由培训师统一制作，学习者共同参与收集和整理，可以体现学习者综合素质的材料袋。通俗地说，"成长记录袋"是一个容纳了学习者整个学习过程的相关材料的容器。图 7-8 中列举了部分经常出现在"成长记录袋"中的内容。

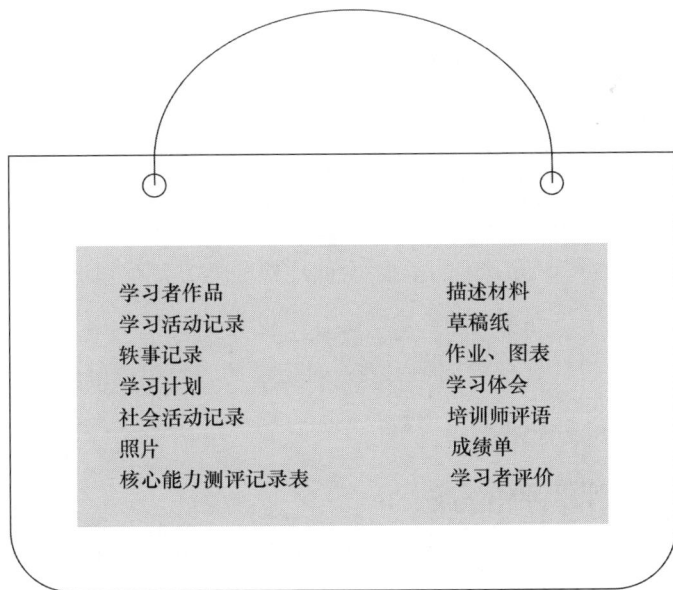

学习者作品　　　　　描述材料
学习活动记录　　　　草稿纸
轶事记录　　　　　　作业、图表
学习计划　　　　　　学习体会
社会活动记录　　　　培训师评语
照片　　　　　　　　成绩单
核心能力测评记录表　学习者评价

图 7-8　"成长记录袋"的内容举例

进入"成长记录袋"的具体内容主要取决于它的用途和目的，要看它是用来鼓励学习者学会自我评价，还是用于跨界培训师对个体学习者学习的评价，或者是用于学分的评定和结算。因此，"成长记录袋"中的内容会因用途的不同而有所区别。

确定并收集"成长记录袋"的具体内容后，跨界培训师便可以依据"成长记录袋"的内容对培训效果进行评估。从单个学习者的角度看，"成长记录袋"可以更加全面地记录学习者的努力、成长和收获的历程，体现学习者日积月累的变化；从集体的角度看，一组"成长记录袋"可以用来评估一个课堂，一个地区或者一个城市的课程和培训情况。所以，无论是对单个学习者进行培训效果评估，还是对整堂课、一个地区或一个城市的培训效果进行评估都可以采用"成长记录袋"评价法。

通常来说，"成长记录袋"还可以根据课程内容的性质进行划分，常见的有课程学习记录袋、职业社会记录袋、技能成长记录袋和核心能力培养记录袋等。具体内容如表 7-1 所示。

表 7-1　根据课程内容对"成长记录袋"进行划分

课程学习记录袋	主要记录学习者必修和选修学习领域课程或学习单元的名称、学时、测试成绩与所获的学分等
职业社会记录袋	主要记录学习与社会活动和项目学习的内容，所取得的学习成果和学习体会等
技能成长记录袋	记录学习者在职业技能发展方面的信息和资料，具体包括运用知识解决技术问题、重要技术数据、使用工具和设备、使用图书资料、生产实习的经验、完成实习生产任务取得的成绩等
核心能力培养记录袋	主要记录学习者与人交流、合作，数字应用，收集信息，解决问题，革新与创新提高，取得职业资格等级、态度和职业道德、素养，审美与艺术以及运动与健康等方面的价值观及提高情况

采用"成长记录袋"评价方法能全程、全面地检验学习者对知识和技能的掌握情况，还能反映学习者在整个培训期间的表现情况，探知学习者在关注什么和希望成就什么。因此，跨界培训师要设计好各类记录用表，对记录的内容要按照评价的要求进行建档并且定期整理归档，这样才能确保评估效果的有用性。

7.3.3　考试与测评评价方法

考试与测评评价方法是指通过考试或测评的方式对培训效果进行评估，这种方法是培训师在进行培训效果评估时常用的评价方法。考试与测评是收集学习者学习状况数据和资料的重要形式，依据这些数据和资料，结合学习者的学习态度、学习习惯、学习方法和能力的提高等几个方面进行考察和描述，能够确定学习者的成绩和存在的问题。在此基础上，跨界培训师可以给学习者提出具体的、合理的学习改进建议。这种评价方法能够促进学习者发展，也体现了培训评价的过程性。

跨界培训师在采用考试与测评评价方法时应明确，培训的考试与测评与传统考试之间的明显区别在于除了考核学习者掌握知识的情况外，更重要的是考核学习者运用知识的能力。因此，跨界培训师在设计试卷时除了要安排知识与技能方面的内容外，还要安排情感、态度方面的能力，以保证考试能够在一定程度上反映出学习者能力发展的状况和水平。

考试与测评评价法的操作流程如图 7-9 所示。

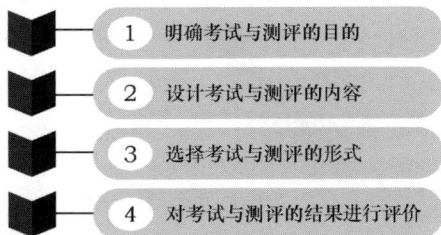

图 7-9　考试与测评评价方法的操作流程

（1）明确考试与测评的目的

跨界培训师应明确考试与测评的目的，清楚考试与测评是为了了解学习者哪个方面的能力，这样才能围绕目的设计考试内容。否则，考试与测评就会沦为形式主义，无法使跨界培训师从考试与测评中了解学习者所掌握的知识和能力。

（2）设计考试与测评的内容

跨界培训师要根据考试目的、培训目标、课程性质以及学习者的实际情况设计考试内容。一定要能够通过考试内容反映出学习者某方面的能力，为此跨界培训师应认真回顾培训目标、课程内容以及学习者在课堂上的表现，然后依据这些设计出科学、合理的考试内容。

（3）选择考试与测评的形式

谈到考试，大家可能首先想到的是纸质试卷，实际上考试与测评的形式有很多种，例如场景模拟、游戏考试、实践操作考试等。跨界培训师应根据课程内容以及学习者的兴趣，选择合适的考试与测评的形式，以进一步激发学习者的兴趣，提升考试与测评的效果。

（4）对考试与测评的结果进行评价

考试与测评结果出来后，跨界培训师应与学习者一起分析结果。跨界培训师分析结果的时候要看到学习者存在的问题，也要看到学习者的优势。发现学习者存在问题时，应与学习者一起探讨，寻找解决问题的方法。

考试与测评评价方法是比较直接的一种评价方法，但是考试与测评评价法容易打击学习者的积极性，所以跨界培训师在运用这种方法对培训效果进行评价时，应多关注学习者的情绪和态度。跨界培训师要告知学习者考试与测评只是为了了解他们所掌握的知识和技能，便于为他们提供针对性的教学辅助，帮助他们提升能力。

培训效果评价不同于传统的教学评价，培训效果评价是以学习者为主体，关注学习者的学习结果，也关注学习者的学习过程，所以培训评价方法应多元化、个性化，这样才能更加全面、客观地评价学习者，从而才能更好地优化、提升培训效果。

7.4 培训结果的四级评估法

四级评估法也就是培训师常说的"柯氏四级评估法"。"柯氏四级评估法"是由知名学者威斯康星大学（Wisconsin University）教授唐纳德 .L. 柯克帕特里克（Donald. L.Kirkpatrick）于 1959 年提出，是世界上应用最广泛的培训评估工具，在培训评估领域具有很高的地位。无论是线上培训还是线下培训，都可以采用四级评估法对培训结果进行评估。

"柯氏四级评估法"主要内容如图 7-10 所示。

7.4.1 一级评估：反应性评估

一级评估是对学习者的反应进行评估，属于四级评估法中的表现层，即在培训课程结束后，跨界培训师要了解学习者对培训的主观感觉和喜爱程度，包括学习者对培训师、培训课程、培训方法、培训设施以及自己收获的结果。

一级评估通常采用的方法是在培训课程结束时，向学习者发放满意度问卷调查或者与学习者进行面谈，具体问题可以参考图 7-10。

因为一级评估只评估学习者的一些主观看法，所以难度不大，但是也很容易出现数据量不足、评价不真实以及评估不及时等情况，进而影响评估效果。

如果采用满意度问卷调查法，那么很容易出现数据量不足的情况。针对数据收回量的问题，跨界培训师应当多鼓励学习者勇于发表自己的意见，提出建议，并通过强调评估的目的引导学习者积极参与、配合。

评估级别	主要内容	可以询问的问题	衡量方法
一级评估：反应性评估	观察学习者的反应	你是否喜欢这次培训课程 你是否认为培训师在课堂上的表现不错 你是否认为这次培训对自己有很大的帮助 你对培训设施有何意见 你认为自己在课堂上的反应是否积极 你认为课堂中的哪些地方可以进一步改进	满意度问卷调查法、面谈法
二级评估：知识评估	检查学习者对所学知识的掌握程度	你在这次的培训项目中学到了什么 培训前后，你的理论、知识、技能是否得到了提高	运用书面测试、口头测试、操作测试、等级情景模拟等
三级评估：行为评估	确定学习者在活动培训后的行为改进程度	你在学习上是否有改善行为 你在工作或生活中是否用到培训内容	正式测评（如客户评价、领导评价或同事评价）或非正式测评方式（如观察）
四级评估：效益评估	了解因培训而为企业带来的效益	员工行为的改变对组织的影响是否积极 组织是否因为培训而经营得更加顺序、更好	考察事故率、生产率、流动率、士气

图 7-10　柯氏四级评估法

　　针对评价真实性的问题，跨界培训师则需要多花一些时间和精力合理设计问题和衡量标准。衡量标准可以从 1 分到 10 分，分级要合理，分级不能太细，也不能太宽，一般多采用 5 分法（1~5 分）或 7 分法（1~7 分）。

　　一级评估越及时，学习者的反应越真实。时间跨度拉长，学习者的真实反应就会逐渐消失。因此跨界培训师要注意评估的及时性，必须在培训结束后立即进行反应性评估，马上填写满意度问卷调查表或安排面谈。

　　学习者对培训课程的兴趣程度和对培训的关注对培训过程有着十分重要的影响。如果通过一级评估发现学习者的反馈是消极的，那么应分析判断是课程设计问题还是实施中的问题或其他问题。但是，这个层级还未涉及培训的效果，因为学习者满意也并非意味着他们真正学到了有用的东西，即发生了有效的培训效果，所以这个层次的评估可以作为改进培训内容、培训方式、教学进度等方面的建议或综合评估的参考，不能作为评估的结果。

7.4.2 二级评估：知识评估

二级评估是培训结果评估的第二个阶段，是对学习者培训前和培训结束后在知识和技能方面的测试结果进行比较，以确定学习者对所学知识的掌握程度以及已达到哪个层次的培训目标，同时与课程设定的培训目标进行核对。这是培训领域常见、培训师常用的一种评估方法。

通常来说，跨界培训师可以运用书面测试、口头测试、操作测试、等级情景模拟等方法进行二级评估。无论是采取哪一种方式进行二级评估，跨界培训师都要围绕知识评估设计测试内容。

知识评估的价值在于能够给学习者树立非常明确的学习目标。因为基于评估、考核结果，学习者就能够知道自己是否达到了培训的要求，有哪些欠缺的地方，或者有哪些做得比较好的地方。同时，评估的压力会促进学习者更加认真地学习。

但是任何事物都是相对的，评估、考核的压力也可能导致学习者不太积极、踊跃地参与到评估工作中。为此，跨界培训师要从以下三个方面选择和设计考核方式：

一是要确保考核方式符合课程内容，能够真实、准确地考核学习者的学习成果。否则会引起学习者的质疑，很可能直接导致评估失效。

二是考核的方式要尽量做到灵活、有趣，内容的难易程度要符合学习者的能力。这样才能在一定程度上确保不给学习者造成压力，让学习者能够积极、踊跃地参与到评估工作中。

三是跨界培训师应当提前清晰地为学习者讲解考核的规则和要求，确保学习者在考核中能够正常发挥。

二级评估虽然可以体现跨界培训师的工作是否有成效，但是仍然无法确定学习者能否将他们学到的知识和技能运用到实际工作或生活中去。如果跨界培训师想要确定学习者是否将所学的知识和技能运用到实际工作或生活中去，还应当对学习者的行为进行评估。

7.4.3 三级评估：行为评估

三级评估即对学习者的行为变化情况进行评估，确定学习者在活动培训后的行为改进程度。通常来说，三级评估可以采用正式测评（如客户评价、领导评价或同事评价）或非正式测评方式（如观察）进行。

这个层次的评估主要包括学习者的主观感觉，下属、同事或其他人对学习者培训前后行为变化的对比以及学习者的自评。主观感觉可以参考一级评估中的反应性评估；

下属、同事或其他人对学习者培训前后行为变化的对比可以借助提问的方式进行；学习者的自评则以学习者以口头或书面的形式对自己的行为变化做出评价，指出自己有哪些具体的行为变化。

相比较来说，三级评估的工作量和难度都比较大，因为它需要跨界培训师花费大量的时间和精力，其中涉及的相关人员较多，大家不一定会积极配合。但不可否认的是其意义重大，只有学习者真正地将所学的东西应用到实际工作和实际生活中，才能达到培训目标，并且为开展新的培训打下基础。因此，跨界培训师应克服困难，剔除一些其他因素的影响，促进三级评估顺利地进行。

具体来说，跨界培训师要谨慎地选择一些比较适合、值得采取行为评估的课程，比如生产安全培训、销售技能培训。这种培训课程是学习者亟须掌握的且能够在工作行为上体现的。因此，这一阶段的评估只有等学习者回到工作、生活中去才能实施。另外，跨界培训师要注意评估周期，行为的改变需要一定时间，因此评估的时间间隔不能太短，一般在一个星期以上。

7.4.4　四级评估：效益评估

四级评估即评估培训为企业带来的成效，是培训结果评估的最高层次，主要是通过事故率、生产率、流动率、士气等方式评估员工在培训后行为是否有改善，是否能为企业创造效益。如果是针对个人的知识、技能培训则不需要进行四级评估。

四级评估对企业有着非常重要的作用，主要表现在以下几点：

一是全面检查整个培训情况和培训课程设置情况。

二是确定培训内容在工作中的运用情况。

三是确定培训对实现企业的目标是否真的有所贡献。

四是确定培训是否能给企业带来增值服务。

相较于前三级评估，对企业的效益评估较为困难，一方面是因为企业的经营数据一般掌握在业务部门手中，不易获取；另一方面是因为影响企业收益的因素有很多，怎样才能剔除其他因素的影响，准确推算出培训为企业带来的效益就比较困难。因此，企业效益评估的工作并不好做，甚至可能无功而返。但是对培训效益的评估有助于企业积累经验，为以后优化、改进培训方案奠定基础。为此，跨界培训师可以采取以下策略克服困难，顺利地开展效益评估工作。

一是跨界培训师在开展四级评估之前，务必取得企业管理层的认可和配合，这样才能有利于跨界培训师收集数据。

二是效益评估需要较长时间的沉淀，间隔时间不能太短，应在 1 个月以上，周期太短无法体现效益。

三是想要排除其他影响因素，跨界培训师就需要对业务有一定的了解，掌握业务实现所需要的岗位能力，分辨哪些行为、能力与培训项目有关联，培训课程在多大程度上为这些能力带来影响力。

从四级评估法的具体内容可以看出，四级评估法的各个层级之间是环环相扣的。在实施过程中，不管哪一个层级都需要各方人员的配合，因此制定详细的、可落地的评估实施方案必不可少。再者，每个层级的评估方式也不仅限于一种，跨界培训师应根据课程性质选择合适的评估方法。

7.5 培训效果评价表

培训效果评价表实际上是跨界培训师在培训工作开始之前就要做好的准备工作，这样可以在培训课程结束时发放给学习者，便于及时收集信息，做出有效评估。

如果是线下课程，培训效果评价表通常以纸质版发放给学习者；如果是线上培训，培训效果评价表通常以电子文档的形式发送到学习者的电子邮箱或其他能接受文件的社交平台。培训评价表发送后要确保每一位学习者成功接收，然后还要告诉学习者本次评价表采用匿名形式，这样他们才能真实地给出评价，进而才能提升评估效果。

7.5.1 线下课程培训效果评价表

如果跨界培训师采用线下形式开展培训工作，那么可以参考表7-2制订培训效果评价表。

表 7-2　线下课程培训效果评价表

线下课程培训效果评价表
注：为改进课程培训的效果，提升培训师的培训技能，丰富培训内容，望参与培训的学习者能够严格认真对本次培训进行评分。
培训课程：_____
课程内容评价效果 ①课程板书书写的美观性（视觉效果好、简洁明了） 很差 ○1分 ○2分 ○3分 ○4分 ○5分 优秀 ②培训环境是否整洁、卫生 很差 ○1分 ○2分 ○3分 ○4分 ○5分 优秀 ③课程结构设计合理性 很差 ○1分 ○2分 ○3分 ○4分 ○5分 优秀

续表

线下课程培训效果评价表

注：为改进课程培训的效果，提升培训师的培训技能，丰富培训内容，望参与培训的学习者能够严格认真对本次培训进行评分。

课程内容评价效果

④课程内容逻辑性和连贯性
很差 ○ 1 分 ○ 2 分 ○ 3 分 ○ 4 分 ○ 5 分 优秀

⑤课程内容程度难易适中，易于理解
很差 ○ 1 分 ○ 2 分 ○ 3 分 ○ 4 分 ○ 5 分 优秀

⑥课程内容是否切合实际
很差 ○ 1 分 ○ 2 分 ○ 3 分 ○ 4 分 ○ 5 分 优秀

⑦课程内容适用性
很差 ○ 1 分 ○ 2 分 ○ 3 分 ○ 4 分 ○ 5 分 优秀

⑧课程内容是否符合学习者需求
很差 ○ 1 分 ○ 2 分 ○ 3 分 ○ 4 分 ○ 5 分 优秀

⑨课程授课的时长是否合适
很差 ○ 1 分 ○ 2 分 ○ 3 分 ○ 4 分 ○ 5 分 优秀

⑩课堂互动是否积极
很差 ○ 1 分 ○ 2 分 ○ 3 分 ○ 4 分 ○ 5 分 优秀

培训师教学效果评价

①培训师的表达是否清晰
很差 ○ 1 分 ○ 2 分 ○ 3 分 ○ 4 分 ○ 5 分 优秀

②培训师的语调、语速是否适中
很差 ○ 1 分 ○ 2 分 ○ 3 分 ○ 4 分 ○ 5 分 优秀

③培训师的着装是否整洁、自然、大方
很差 ○ 1 分 ○ 2 分 ○ 3 分 ○ 4 分 ○ 5 分 优秀

④培训师的讲解风格、技巧
很差 ○ 1 分 ○ 2 分 ○ 3 分 ○ 4 分 ○ 5 分 优秀

⑤培训师的知识掌握程度
很差 ○ 1 分 ○ 2 分 ○ 3 分 ○ 4 分 ○ 5 分 优秀

⑥培训师对视觉辅助教具的使用是否恰当
很差 ○ 1 分 ○ 2 分 ○ 3 分 ○ 4 分 ○ 5 分 优秀

⑦培训师讲解范例是否易懂
很差 ○ 1 分 ○ 2 分 ○ 3 分 ○ 4 分 ○ 5 分 优秀

续表

线下课程培训效果评价表

注：为改进课程培训的效果，提升培训师的培训技能，丰富培训内容，望参与培训的学习者能够严格认真对本次培训进行评分。

本次培训学习者收获评价
①获得了适用的新知识和技能
很少 ○1分 ○2分 ○3分 ○4分 ○5分 很多

②获得了可以在工作中应用的技巧和能力
很少 ○1分 ○2分 ○3分 ○4分 ○5分 很多

③促进客观地审视自己，能够看到自身的优势和劣势
很少 ○1分 ○2分 ○3分 ○4分 ○5分 很多

本次培训你认为哪些内容对你的帮助最大

你认为培训师或课程内容有哪些需要改进的地方

请你提出其他培训建议或培训需求

你对本次培训的整体满意程度
非常不满意 ○1分 ○2分 ○3分 ○4分 ○5分 非常满意

7.5.2 线上课程培训效果评价表

线上培训与线下培训主要在于培训形式的不同，其他内容几乎相同。所以，课程培训效果评价表的内容也相似，具体内容如表 7-3 所示。

表 7-3 线上课程培训效果评价表

线上课程培训效果评价表

注：为改进课程培训的效果，提升培训师的培训技能，丰富培训内容，望参与培训的学习者能够严格认真对本次培训进行评分。

培训课程：＿＿＿＿＿＿＿＿＿

课程内容评价效果
①课程版面设计美观性（视觉效果好、简洁明了）
很差 ○1分 ○2分 ○3分 ○4分 ○5分 优秀

②课程结构设计合理性
很差 ○1分 ○2分 ○3分 ○4分 ○5分 优秀

续表

线上课程培训效果评价表
注：为改进课程培训的效果，提升培训师的培训技能，丰富培训内容，望参与培训的学习者能够严格认真对本次培训进行评分。

课程内容评价效果

③课程内容逻辑性和连贯性

很差 ○ 1 分 ○ 2 分 ○ 3 分 ○ 4 分 ○ 5 分 优秀

④课程内容程度难易适中，易于理解

很差 ○ 1 分 ○ 2 分 ○ 3 分 ○ 4 分 ○ 5 分 优秀

⑤课程内容是否切合实际

很差 ○ 1 分 ○ 2 分 ○ 3 分 ○ 4 分 ○ 5 分 优秀

⑥课程内容适用性

很差 ○ 1 分 ○ 2 分 ○ 3 分 ○ 4 分 ○ 5 分 优秀

⑦课程内容是否符合学习者需求

很差 ○ 1 分 ○ 2 分 ○ 3 分 ○ 4 分 ○ 5 分 优秀

⑧课程授课的时长是否合适

很差 ○ 1 分 ○ 2 分 ○ 3 分 ○ 4 分 ○ 5 分 优秀

培训师教学效果评价

①培训师的表达是否清晰

很差 ○ 1 分 ○ 2 分 ○ 3 分 ○ 4 分 ○ 5 分 优秀

②培训师的语调、语速是否适中

很差 ○ 1 分 ○ 2 分 ○ 3 分 ○ 4 分 ○ 5 分 优秀

③培训师的着装是否整洁、自然、大方

很差 ○ 1 分 ○ 2 分 ○ 3 分 ○ 4 分 ○ 5 分 优秀

④培训师的讲解风格、技巧

很差 ○ 1 分 ○ 2 分 ○ 3 分 ○ 4 分 ○ 5 分 优秀

⑤培训师的知识掌握程度

很差 ○ 1 分 ○ 2 分 ○ 3 分 ○ 4 分 ○ 5 分 优秀

⑥培训师对视觉辅助教具的使用恰当

很差 ○ 1 分 ○ 2 分 ○ 3 分 ○ 4 分 ○ 5 分 优秀

⑦培训师讲解范例是否易懂

很差 ○ 1 分 ○ 2 分 ○ 3 分 ○ 4 分 ○ 5 分 优秀

续表

线上课程培训效果评价表

注：为改进课程培训的效果，提升培训师的培训技能，丰富培训内容，望参与培训的学习者能够严格认真对本次培训进行评分。

本次培训学习者收获评价

①获得了适用的新知识和技能
很少 ○1分 ○2分 ○3分 ○4分 ○5分 很多

②获得了可以在工作中应用的技巧和能力
很少 ○1分 ○2分 ○3分 ○4分 ○5分 很多

③促进客观地审视自己，能够看到自身的优势和劣势
很少 ○1分 ○2分 ○3分 ○4分 ○5分 很多

本次培训你认为哪些内容对你的帮助最大

你认为培训师或课程内容有哪些需要改进的地方

请你提出其他培训建议或培训需求

你对本次培训的整体满意程度
非常不满意 ○1分 ○2分 ○3分 ○4分 ○5分 非常满意

第 8 章
实践应用：
跨界培训师的实践案例

实践案例具有一定的指导作用，跨界培训师可以从实践案例中学习经验，总结规律，从而指导自己将所学的培训技能、策略投入实践，促进培训课程顺利地开展。

8.1 线下课程实践应用案例

本节主要列举了经理人员培训、技术人员培训、研发人员培训、管理沙盘培训、党建沙盘培训 5 种常见的线下培训案例，为大家提供参考。

8.1.1 经理人员培训案例

经理人员在其执行业务的范围内属于企业管理层，对企业的管理、运营和发展有着非常重要的作用。因此，一些企业经常会为经理人员安排培训活动，以进一步提升他们的能力，促进企业发展。

某企业经理人员培训体系建设方案

（1）培训体系建设目的

为了加强对经理级人员的培训，提高经理人员的管理水平，提升其专业知识、管理知识、管理技巧与沟通协调能力，加大决策的执行力度，特制订经理人员培训体系建设方案。

（2）培训需求分析

在培训开展前 ×× 天，培训部要对经理级人员进行调查和访谈，充分认识和了解经理人员的培训需求，为制订培训计划做好充分准备。经理人员也应从实际工作出发，认真对待并填写"中层管理人员培训需求调查表"。

（3）制订培训计划

制订培训计划包括以下两个部分。

一是明确培训课程和方式。

经理人员的培训课程和方式如表 8-1 所示。

表 8-1　某企业经理人员培训课程与方式

培训项目	培训课程	培训方式
环境分析	企业战略	课堂讲授
	企业目标	课堂讲授
	企业组织结构与决策流程	小组讨论
业务管理能力	专业技术知识	课堂讲授
	如何纠正工作偏差	案例分析

续表

培训项目	培训课程	培训方式
业务管理能力	目标管理	角色扮演
	项目管理	角色扮演
	时间管理	案例分析
	会议管理	课堂讲授
	组织管理	课堂讲授
	冲突管理	小组训练
	职业生涯规划	案例分析
领导艺术	沟通技巧	角色扮演
	如何有效授权	角色扮演
	如何激励	案例分析
	如何指导和培养下属	案例分析
	高效领导力	案例分析
团队管理	学习型组织的建立	小组讨论
	定编定员管理	小组讨论
	团队合作与工作管理	小组讨论

二是做好培训费用预算。

为确保培训有效进行，培训部要对经理人员培训进行详细预算，并编制培训费用预算表，详情如表 8-2 所示。

表 8-2　经理级人员培训费用预算表

培训费用项目	费用估算明细
教材资料费	____元
培训师课时费	____元
培训师交通费	____元
培训场地租金	____元
培训设备租金	____元
培训食宿费	____元
费用总计	____元

（4）培训实施管理

培训实施管理包括培训资料和培训纪律的管理。

一是提前准备培训资料。

培训部应提前××天做好各项事宜的准备工作，如安排培训场地、准备培训教材及辅助资料、租借或购买培训设备及工具、通知参训的经理人员等。

二是制定培训纪律管理制度。

经理级人员参加培训需遵守企业的相关培训制度，尤其要注意以下三点：

①培训课堂上需要将通信工具调整为振动状态，避免影响其他人。

②保证课堂纪律，不在上课期间抽烟，不在教室内随便走动。

③若无特殊情况，经理级人员不得缺席培训，如有其他工作安排确实无法参与培训的，需与培训部经理确认，电话为＿＿＿＿＿＿＿。

（5）培训评估与反馈

培训评估与反馈包括培训课程评估、培训效果评估。

一是培训课程评估。

培训结束时，培训部根据实际需要调查经理人员对培训课程各个方面的想法和建议，要求参加培训的经理人员填写"经理级人员培训课程调查表"，以作为培训课程评估的参考依据。

二是培训效果评估。

对于经理人员的评估可以采用调查问卷、测试、提交培训心得体会等方式进行。培训部要在培训结束后一周内评定出经理人员的考核成绩。该成绩作为经理人员年度考核和晋升高层管理人员的参考依据。

8.1.2 技术人员培训案例

技术人员通常是指在企业担任技术岗位的人员，如注册建造师、造价工程师、会议员。技术是企业发展和生存的前提，所以企业很重视对技术人员的培养，会定期为他们安排相关培训。

某企业技术人员培训体系建设方案

（1）培训体系建设的目的

企业针对质量工程技术人员开展培训，其目的主要有以下三点：

一是提高质量工程技术人员的技术水平和综合素质。

二是调动质量工程技术人员进行技术开发和改造的积极性。

三是培养质量工程技术人员的责任心，有效避免质量事故的发生。

（2）培训课程和培训方式

为有效确保培训目的实现，针对质量工程技术人员培训，企业共设计了包括质量管理概述、供应商质量管理、质量管理体系、质量成本控制等在内的 14 门培训课程，如表 8-3 所示。

表 8-3　某企业质量工程技术人员培训课程表

培训课程类别	课程名称	课程课时	培训方式	考核方式
能力素质培训	质量工程技术人员必备素质	1.5h（hour，小时）	课堂讲授	心得体会
	质量工程技术人员职业操守	2h	案例分析	案例分析报告
	质量检查、鉴定操作流程与规范	2h	课堂讲授	闭卷考试
专业水平培训	质量管理概述	1.5h	课堂讲授	闭卷考试
	供应商质量管理	1.5h	案例分析	案例分析报告
	质量管理体系	1.5h	课堂讲授	闭卷考试
	质量成本控制	2h	案例分析	案例分析报告
	可靠性分析系统	2h	课堂讲授	闭卷考试
	测量系统分析	1.5h	课堂讲授	闭卷考试
	实验设计应用	1.5h	多媒体	心得体会
	国际通用质量评估方法	1.5h	课堂讲授	闭卷考试
	改善质量管理效果的七种技巧	2h	多媒体	心得体会
	质量检验仪器的使用与保养	2h	现场演示	现场操作
	如何进行顾客关系管理	1.5h	小组讨论	小组讨论报告

（3）实施培训计划

实施计划主要应做好以下几件事：

一是制订培训实施计划表。为确保培训顺利地实施，培训部在培训正式实施之前要做一份详细的培训计划表，作为培训人员的行动指南。实施计划如表 8-4 所示。

表8-4　某企业质量工程技术人员培训实施计划表

内容 时间		第一天	第二天	第三天
上午	8:30~10:00	技术总监致辞	供应商质量管理	实验设计应用
	10:20~12:00	技术人员必备素质	质量管理体系	通用质量评估方法
午餐				
下午	13:00~15:00	技术人员职业操守	质量成本控制	改善质量管理的技巧
	15:20~17:30	技术操作流程与规范	可靠性分析系统	检验仪器使用与保养
晚餐				
晚上	19:30~21:00	质量管理概述	测量系统分析	顾客关系管理

二是发布培训通知。在培训开展前两天，培训部要向质量工程技术人员发布培训通知，以便让参加培训的技术人员提前安排好自己手头的工作，确保培训不影响企业的正常运行。

三是制定培训纪律。为更好地对培训对象进行约束，提高培训效率，营造良好的互动气氛，企业还制定了质量工程技术人员培训中应遵守的培训纪律，详见企业的《培训纪律及考勤管理规定》。

四是做好培训记录。在培训实施过程中，为确保企业对质量工程技术人员对培训情况有所了解，培训部还应对质量工程技术人员出勤、学习状况等进行详细记录，以便培训结束后对培训效果进行评估和反馈。

（4）培训评估管理

培训评估管理主要有以下两项重点内容。

一是选择评估方法。对质量工程技术人员进行评估的常用方法包括测验法和问卷调查法。其中问卷调查法在进行问卷设计时，应与技术部经理、培训师等人员进行直接交流，以确保对质量工程技术人员评估的客观性和全面性。

二是运用评估结果。工程技术人员培训评估结果作为年度考核、下一阶段培训师选择的依据之一。

8.1.3　研发人员培训案例

研发人员是指在企业从事研发活动的人员，主要包括研究人员、技术人员和辅助人员三类，如产品研发人员、技术研发人员。研发人员的重要性不言而喻，几乎承载着企业在未来市场的科技地位，因此企业十分重视这类人才，会定期为他们安排相关培训。

<h3 style="text-align:center">某企业研发人员培训体系建设方案</h3>

（1）培训体系建设的目的

企业建立和完善研发人员培训体系的主要目的包含以下三点：

一是提高研发人员对企业战略愿景的认同。

二是完善研发人员知识结构，使之适应现代企业科技发展要求。

三是提高本企业产品的市场竞争实力。

（2）培训课程和培训方式

为确保培训目的实现，针对研发人员的培训，企业共设计了包括创新思维培训、新产品开发创意来源等在内的 12 门培训课程，如表 8-5 所示。

表 8-5　××企业研发人员培训课程表

课程名称	课程课时	培训方式
研发人员创新思维培训	2h	多媒体
新产品开发创意来源培训	2h	案例分析
国内外纺织生产的发展现状培训	1.5h	课堂讲授
现代纺织技术的发展培训	1.5h	课堂讲授
先进纺织品的功能开发培训	1.5h	案例分析
绿色纺织材料的开发与应用培训	1.5h	课堂讲授
生产工艺流程技术创新培训	2h	多媒体
合成纤维的开发与应用培训	2h	多媒体
纺织面料新产品的开发培训	1.5h	多媒体
家用纺织品的发展与前景分析培训	1.5h	多媒体
印染新产品的开发培训	2h	课堂讲授
纺织的创新与产品开发培训	2h	课堂讲授

（3）实施培训计划

实施培训计划主要应做好以下几项工作：

一是制订培训实施计划表。为确保培训顺利地实施，培训部在培训正式实施之前要制订一份详细的"培训实施计划表"，作为培训组织人员的行动指南。

二是选择培训地点。企业内部培训教室、研发实验室等均可作为研发人员培训地点，培训部可视培训需要而定。但需在培训开始前××天完成培训地点的选择和联系工作。

三是准备培训所需物品。为确保培训顺利地进行，在培训计划实施前，培训部应首先准备好以下物品，如表8-6所示。

表8-6　研发人员培训需准备的物品

物品名称	数量	物品名称	数量
投影仪及投影屏幕	1套	笔记本电脑	1台
黑板／白板	1块	粉笔或白板笔	2盒
板擦	1块	DVD机	1台
幻灯片	30张	幻灯片保护纸	30张
幻灯片书写笔	4盒	游戏玩具	3套
培训人员名单	2份	培训人员登记表	1份
印刷资料	1份／人	测试题资料	1份／人

四是发布培训通知。在培训开展前两天，培训部向研发人员发布培训通知。一方面确保所有接受培训的研发人员都能收到通知，以便做好培训相关准备；另一方面也让参加培训的人员提前安排好自己手头的工作，确保培训不影响企业各项工作的正常运行。

五是做好培训记录。在培训实施过程中，为确保企业对研发人员培训情况有所了解，培训部还要对研发人员出勤、学习状况等进行详细记录，以便培训结束后对培训效果进行评估和反馈。

（4）培训计划评估

研发人员培训考核可以通过测验法、问卷调查法、提交培训心得体会等方式来完成。研发人员培训评估需要与研发部经理、培训师等进行直接交流或填写培训评估表，以对其进行综合评估。

8.1.4　管理沙盘培训案例

管理沙盘是指采用沙盘模拟的方式展示出企业管理的基本模式，让培训人员通过场景模拟学习企业相关管理知识，提升经营管理能力。

某企业管理沙盘培训方案

（1）课程背景

企业沙盘模拟培训源自军事上的战争沙盘模拟推演。战争沙盘模拟推演通过红、蓝两军在战场上的对抗与较量，发现双方战略战术上存在的问题，从而提高指挥员的作战能力。国外知名商学院和管理咨询机构很快意识到这种方法同样适合企业对中、高层经理的培养和锻炼，随即对军事沙盘模拟推演进行广泛的借鉴与研究，最终开发出了企业沙盘实战模拟培训这一新型现代教学模式。

沙盘模拟培训已风靡全球，不仅是一些工商管理硕士的核心课程之一，也是世界500强企业中高层管理人员经营管理能力培训的首选课程。

（2）课程形式

在沙盘模拟训练中，参与培训的人员被分成几个团队，每个团队代表一个部门。每个团队4~7人，分别扮演总经理、财务总监、市场总监、生产总监和采购经理、商业间谍等管理角色。每个团队各自经营一个虚拟企业，连续从事4~6个会计年度的经营活动。通过直观的企业沙盘教具和仿真的经营环境，模拟企业实际运行状况，内容涉及企业整体战略、市场开拓、产品研发、生产组织、销售管理、财务管控、团队协作等多个方面，让培训人员在游戏般的训练中体验完整的企业经营过程，感悟正确的经营思路和管理理念。

（3）课程目标

通过沙盘演练培训活动，使培训人员更加清晰经营企业的思路、发展方向、工作流程，加强员工的执行力、沟通能力、协调能力，优化工作的方式方法，拓展思维等方面的提升。

（4）培训对象

管理沙盘的培训对象通常为企业高管、中层干部、企业员工、职业经理人。培训人数建议50人左右为佳，培训时长1~3天。

（5）沙盘主题

本次管理沙盘的主题为"模拟联合国"（跨部门沟通沙盘）。

"模拟联合国"沙盘主题简介：

"模拟联合国"是一门关于跨部门沟通与协作的沙盘主题。参与沙盘培训的学习者被均分到10个"国家"，每个"国家"3~12人，分别饰演不同的角色，如国王、外交大臣、国防大臣、国民。每个"国家"会有固定的友好关系国家、一般关系国家和敌对关系国家。在确保不与敌对关系国家发生交易的前提下，通过最长 5 年的运营，完成本国国力提升的目标。提升国力的方法可以采取交易与战争两种模式完成。在利益与目标压力的面前，内部决策、谈判、交易、结盟甚至战争冲突随时改变竞争格局，学习者将在理性思维与环境变化的交替中，寻找问题解决之道。

新选举出的每一位国家领导人代表着十个"国家"中的每一个"国家"，每一位领导人（每组学习者）必须完成他们对该国选民的承诺。所以每组学习者必须抓紧他们选民和邻国的需求，同时艰难地和其他有文化隔阂、缺乏信任及不良沟通的"国家"周旋达成共同目标。过程中会形成、终止和重组，但在每位国家领导人 5 年任期结束之前，所有"国家"必须成为真正团结的"国家联盟"。

8.1.5 党建沙盘培训案例

党建沙盘培训是指将"党建"工作搬到课堂上，用沙盘推演的方式对学习者进行培训，培训对象通常是党政府机关，企事业单位的党员、干部或中高层领导干部。

某企业长征情景模拟沙盘培训方案

（1）课程背景

红军长征精神是中国共产党的宝贵财富，新时期新征程，党员干部要不断铭记这段历史和发扬这种宝贵的精神，在工作中更好地挖掘团队协作精神，战胜重重困难。这种精神用到平时的工作中去，更好地打造团队，实现社会主义建设新长征路上的一个个小目标。

（2）教学目标

本次教学目标主要有以下三个：

一是铭记中国工农红军长征的革命历史，缅怀革命先烈，不忘中国共产党的革命初心。

二是铭记中国工农红军长征的革命精神，为党的革命事业排除万难不怕牺牲，坚定"四个自信"。

三是铭记和体验中国工农红军长征的艰苦，继承长征的遗志，强化"四个意识"。

（3）课程内容要点

课程内容要点如表 8-7 所示。

表 8-7　课程内容要点

课程流程	课程内容要点与安排	授课形式
铭记历史	视频赏析 课前阅读 课前测评 长征的历史回顾	翻转课堂
沙盘模拟	沙盘游戏规则介绍，分组 长征地图的拼图竞争 长征各方面军的路线图描绘 "我是历史人物"的角色扮演与体验 长征中的重要事件、重要会议、重大战役复盘与模拟 长征的精神财富	沙盘模拟 情景模拟 角色扮演 小组讨论 学习竞赛
学习雷达图	学习效果雷达图描绘 四个自信雷达图、四个意识雷达图、心理（资本能量）雷达图	学习测评
复盘与应用	学员沙盘操作演示与讨论	学习成果固化与分享
	启发与感悟分享	
	讲师专业点评	点评
学习评价	小组学习结果奖惩	

（4）培训时间

培训时间大于 3 小时（根据学习时间可调整内容）。

（5）培训人数

培训人数通常为 30~60 人。

8.2　线上课程实践应用案例

线上课程通常采用视频、音频、图文和直播等形式。本节针对这四种形式的线上课程提供了应用案例，供大家参考。

8.2.1　视频课程培训案例

视频课程因生动、形象深受学习者的喜欢，因此很多培训师会采用视频的形式开展培训课程。下面为某培训师设计的视频课程培训方案。

"企业财务报表分析的8堂课"视频课程方案

（1）课程主题和内容

本次课程培训的主题为"企业财务报表分析的8课堂"，具体内容如表8-8所示。

表8-8 "企业财务报表分析的8堂课"视频课程内容

企业财务报表分析的8堂课	
第一课	企业设立、经营与财务报表（一）
第二课	企业设立、经营与财务报表（二）
第三课	企业发展、扩张与财务报表
第四课	从财务报表看战略
第五课	从财务报表看竞争力
第六课	从财务报表看效益及质量
第七课	从财务报表看风险
第八课	从财务报表看前景

（2）课程的核心及创新点

本课程的核心内容包括财务报表信息的战略解读、竞争分析、企业效益及其质量分析、企业风险及前景分析等。本课程的重点创新在于突破了传统的财务比率分析，将报表内容与企业管理的实际紧密结合起来，并融入了企业财务报表分析的最新案例。在内容讲解上，本课程采用了理论讲解与案例分析相结合的方式，使得全部内容通俗易懂。

（3）课程大纲和更新时间

总课时为20个，每周一、周四更新两次课。

（4）录制、剪辑并上传

手机录制，录制结束后用剪辑软件对内容进行剪辑，形成课程视频。剪辑工作进行2~3遍，确保视频流畅，逻辑合理、内容无误，然后将剪辑好的视频按照约定的更新时间上传到××在线学习平台。

（5）课后答疑

课程结束后组织"答疑＋社群交流"。学习者在线报名成功后，可通过联系报名页面上的联系方式添加培训师的个人微信，培训师在邀请学习者加入学习者专属微信群，与学习者一起交流、答疑。

（6）总结、复盘

收集学习者的反馈，总结视频课程中存在的问题，如画质不清晰、卡顿、内容错误，然后寻找措施、方法改进问题，优化视频课程。

8.2.2　音频课程培训案例

音频课程更加便捷，学习者可以在做其他事情的同时学习音频课程，因此音频课程成为全媒体学习者热衷的学习方式。下面为某培训师设计的某音频课程培训方案。

"自律方法论：时间管理战胜拖延"音频课程方案

（1）确定课程内容

本期课程主题是"自律方法论：时间管理战胜拖延"，具体内容如表 8-9 所示。

表 8-9　"自律方法论：时间管理战胜拖延"音频课程内容

自律方法论：时间管理战胜拖延	
第一课	如何养成习惯性自律？4 个实践方法论
第二课	如何养成习惯性自律？5 个步骤帮你爱上自律
第三课	如果养成习惯性自律？3 个工具帮助你做好高效时间管理
第四课	某乎万赞：导致一个人不上进的原因（上）
第五课	某乎万赞：导致一个人不上进的原因（下）
第六课	摆脱拖延很难吗？分享 3 个方法论
第七课	如何做到高度专注，集中注意力超过 4 个小时
第八课	你也无法集中注意力吗？心流状态帮你做好全神贯注
…………	…………

（2）主播简介

×××，某某财经 ×× 经济之声评论员，前头部券商自身投顾。

（3）做好相关准备

录音课程开始前做好相关准备，主要包括相关课件、录音设备等。课件主要是音频课程的录音稿，录音稿要花充足的时间准备，语言要尽可能简洁、有料，并注意断句。

录音设备包括声卡、降噪麦克风、手机等。

（4）录制、剪辑并上传

确定录制内容后开始录制，录制时可以按照准备的稿件逐字读稿，但要注意断句、吐字清楚。当所有内容录制完毕后再试听2~3遍，确保无误再上传到××在线学习平台。上传平台时要注意分好章节，便于学习者学习。

（5）总结、复盘

收集学习者的反馈，总结音频课程中存在的问题，如噪音多、卡顿、吐字不清晰，然后寻找措施、方法改进问题，优化音频课程。

（6）整理音频留档

将所有音频整理成一套系统课程留存，用作资源库。

8.2.3　图文专栏课程培训案例

图文专栏课程也是全媒体时代学习者喜欢的一种培训方式。下面为某培训师设计的图文专栏课程培训的方案。

"孩子的注意力千万不要'管'"图文专栏方案

（1）课程简介

你的孩子注意力有问题吗？孩子的注意力问题常见有以下几种表现。

①上课多动、走神。

②马虎、粗心大意。

③不愿做要长时间专注的事情。

④做事缺乏条理。

⑤背东西慢、记忆力差。

如果你的孩子在注意力上存在这些问题，那么就应该选择这门课程。选择这门课程主要有以下三大理由。

①颠覆传统注意力训练模式，培养自律型注意力。

②即学即用，学习无门槛，家长无负担。

③"故事＋游戏"训练模式，趣味性强。

（2）讲师简介

×××，知名青少年学习心理专家、××大学星都科技实验室副主任，先后出版

《×××》《×××××》《××××》等多部书籍；曾担任 ×× 教育电台、×× 电视台多档教育节目的策划和顾问，为广大家长提供教育思考。

（3）专栏大纲

第一部分，培训注意力最科学的家庭教育知识。

①注意力的重要性。

②注意力的 4 个特质。

③由家庭教育问题导致的注意力问题。

④马虎与注意力的关系。

⑤家庭教育如何为提升注意力赋能。

第二部分：培养自律型注意力的训练游戏。

①培养注意力稳定性的训练游戏。

②培养注意力广度的训练游戏。

③培养注意力分配性的训练游戏。

④培养注意力转移性的训练游戏。

第三部分：潜移默化的注意力培养故事。

①注意力训练故事《x+x》之《×× 邮局》。

②注意力训练故事《x+x》之《×××× 的意志》。

③注意力训练故事《x+x》之《我是 x+x》。

④注意力冥想训练。

第四部分：增进亲子感情的注意力培养家庭游戏。

①生肖注意力提升家庭游戏之鼠牛虎兔。

②生肖注意力提升家庭游戏之龙蛇马羊。

③生肖注意力提升家庭游戏之猴鸡狗猪。

（4）适合人群

本课程适合谁听？

①家有 5~12 岁孩子的你。

②希望提升孩子注意力的你。

③被孩子学习问题困扰的你。

（5）学习收获

你将从课程中收获什么？

①关于注意力较为科学的知识。

②避免家庭教育、注意力培养的常见误区。

③提升孩子注意力的有效方法。

④改善亲子关系的使用妙招。

⑤专家一对一个性化指导。

（6）课程内容

课程具体内容如表 8-10 所示。

表 8-10 "孩子的注意力千万不要'管'"图文专栏课程内容

孩子的注意力千万不要"管"	
第一课	孩子的注意力千万不要"管"！某某专家谈注意力培养的那些"坑"
第二课	某某专家：我为什么让这位家长停了补习班，只训练孩子的注意力
第三课	孩子成绩不理想？某某专家：找准问题再给孩子"补课"
第四课	不盯着就走神，自主学习怎么这么难？只因你没教会孩子自律注意力
第五课	聪明？马虎？不长记性？某某专家：警惕乱贴标签摧毁孩子的注意力
第六课	孩子上课老走神，怎么办？某某专家：需要训练注意力的稳定性
第七课	孩子考试总因漏看信息出错，怎么办？需要训练注意力的广度
第八课	孩子喜欢边听音乐边学习，要管吗？某某专家：只有一种情况不用管
…………	…………

8.2.4　直播课程培训案例

直播是全媒体时代新兴的一种线上培训方式，因为体验感和互动性较强也十分受学习者的欢迎。下面为某培训师设计的直播课程培训方案的具体内容。

"12天实现财商入门"直播课程方案

（1）选择直播平台

首先根据课程内容和培训对象选择 ×× 线上学习平台。

（2）直播课程预热

在进行直播课程培训之前先进行预热，在 ×× 平台、××× 平台发布直播的具体时间，让学习者可以提前安排好时间，准时进入直播间观看直播课程。

（3）直播课程设计

课程主题为"12 天实现财商入门"，根据课程主题设计具体的课程内容，如表 8-11 所示。

表 8-11　"12 天实现财商入门"直播课程内容

12 天实现财商入门课程	
第一课	如何科学有效记账
第二课	从 1 到 100 万元的理财法则
第三课	打新债实操教学
第四课	投资工具可转债
第五课	买不起房子怎么办
第六课	长期获利的投资方法
第七课	手把手教你买入第一只基金
第八课	财报下载实操教程
…………	…………

（4）撰写直播脚本

根据课程目录撰写脚本，直播课程开始前，准备好直播脚本以及资源的编排。脚本设计恰当，逻辑清晰，内容连贯，此外还要注意把控课程时间的分配和互动节奏。

（5）与学习者积极互动

在直播培训的过程中要为学习者提供教学信息、辅导支持、学习管理、考核评价等教学活动，以活跃课堂气氛，提升培训效果。

（6）总结、复盘

收集学习者的反馈，总结直播课程中存在的问题，如网络不稳定、画面不清晰、声音小，然后寻找措施、方法改进问题，优化直播课程。

附录
跨界培训管理工具

1. 培训场地安全检查表

培训安全检查表				
对培训过程中可能存在的隐患、有害危险因素、缺陷等进行查证，查找不安全因素和不安全行为，以确保隐患或有害、危险因素或缺陷存在状态，以及它们转化为事故的条件，以制定整改措施，消除或控制隐患和有害与危险因素，确保培训安全。				
按照《国家安全生产标准化规范》的要求认真检查，查出不符合项。对查出问题及时处理，暂时无法处理的应采取有效的预防措施，并立即向培训主办方领导汇报。				

检查人：　　　　　　　　　　　　　　　检查时间：

检查项目	检查标准	检查方法（或依据）	检查评价	
			符合	不符合及主要问题
培训前的安全检查				
关键装置及重点部位检查	严格执行关键装置重点部位安全管理制度 设备设施运行良好，各监测报警装置安装齐全，运行良好 安全附件齐全，均在检测期内并运行良好 档案及安全检查记录齐全，开机试运行	查现场及记录 试运行		
设备检查	认真执行设备管理制度，设备维护保养、润滑、包机等落实到位 备用设备状况良好，定期检查维护，达到随时启用 现场无跑、冒、滴、漏现象，卫生状况良好 机泵泵体、阀门、法兰、压力表、温度计等完好。无杂音、无振动，暴露在外的传动部位有符合标准的安全防护罩	查现场及记录		
电气检查	严格执行各项规程，落实防火、防水、防小动物措施，室内通风良好，照明良好 变、配电间清洁卫生、无渗漏油现象 变压油位、油温正常，无杂音，各接地良好，附属设备完好 按要求配备绝缘工具，定期检查，做好测试报告和记录 防爆区电气设施符合防爆要求	查现场及记录		
消防安全检查	供水消防泵一切设施完好，随时处于备用状态 培训区内消防栓开启灵活，出水正常，排水良好，出水口扣盖、橡胶垫圈齐全完好 消防枪消防水带等完好 消防水管管径及消防栓的配备数量和地点应符合国家标准 消防柜内器材放置在干燥、清洁处，附件完好无损 消防通道畅通无阻，消防水管保温良好	查看现场		

检查项目	检查标准	检查方法（或依据）	检查评价	
			符合	不符合及主要问题
化学品检查	化学品原料是否有一书一签，储存地点和储存方式是否符合有关规定，使用过程中要防中毒、防飞溅、防火防爆、防静电	查现场及记录		
安全设施检查	避雷设施完好且冲击接地电阻小于 10 Ω 各安全阀、液位计、压力表完好且均在检验期内，远传信号良好，上下限报警正常 各联锁装置运行正常，且定期试验 各储罐区防火堤、防护堤完好，各部位易燃气体、有毒气体泄漏报警装置运行良好，且定期标定 单体泄漏后，喷淋等安全装置时刻处于备用状态 各有毒有害岗位的过滤式防毒面具、空气呼吸器、防化服等设备完好有效，且定期维护	查现场及记录		
培训场地建筑	各建筑构筑物的墙体无倾斜、裂纹，基础无塌陷，房顶及框架无腐蚀、开裂、倾斜、漏雨等现象 建、构筑物的防火间距符合国家有关标准，间距不够的采取防范措施 防雷设施完好，防腐处理完好，通风、防汛设施完好，地沟及地沟盖完好无损	查现场及记录		
培训中安全检查				
操作工艺安全检查	学习者严格遵守操作规程，按工作要求执行 操作记录及时、真实，字迹清晰工整 无随意移动、动作或跑闹等不安全行为 冬季防冻防凝保温、夏季防暑降温措施完好	查现场及记录		
化学品使用安全检查	化学品原料使用过程中，防中毒、防飞溅、防火防爆、防静电、防泄漏等防护措施是否落实到位，废弃的危险化学品包装物是否进行了无害化处理	查现场及记录		
培训后安全检查				
物品归位设备关闭检查	各种用品按规定摆放回原位，各种设备和工具擦拭干净放回原位 按设备使用的先后进行关闭检查	查现场及记录		
设备使用安全记录	对场地、用品、设备、工具安全使用情况进行认真记录	查现场及记录		
培训师检查结论与建议				

2. 培训过程记录表

培训过程记录表

培训时间：　　年　　月　　日		星期：	
课程名称：		培训师：	
课程时数：			
时间	课程内容		活动记录

3. 培训师工作评估表

培训师工作评估表

姓　名			部　门			现任职务	
学　历			入职日期			申请日期	
授课主题			授课日期			课　时	

评审项目	评审要素	权　重	评估等级	评　分
形象力	服装仪表	5分	□优5分 □良4分 □合格3分 □差3分以下	
	行为举止	5分	□优5分 □良4分 □合格3分 □差3分以下	
	热情度	5分	□优5分 □良4分 □合格3分 □差3分以下	
	自信度	5分	□优5分 □良4分 □合格3分 □差3分以下	
表达力	语音清晰度	5分	□优5分 □良4分 □合格3分 □差3分以下	
	语音逻辑度	5分	□优5分 □良4分 □合格3分 □差3分以下	
	表达丰富度	5分	□优5分 □良4分 □合格3分 □差3分以下	
应变力	异议处理	5分	□优5分 □良4分 □合格3分 □差3分以下	
	现场控制	5分	□优5分 □良4分 □合格3分 □差3分以下	
	时间掌控	5分	□优5分 □良4分 □合格3分 □差3分以下	
专业力	内容适用性	10分	□优9 ~ 10分 □良8 ~ 9分 □合格6 ~ 8分 □差6分以下	
	结构化程度	10分	□优9 ~ 10分 □良8 ~ 9分 □合格6 ~ 8分 □差6分以下	
	答疑能力	10分	□优9 ~ 10分 □良8 ~ 9分 □合格6 ~ 8分 □差6分以下	
	教学手法	10分	□优9 ~ 10分 □良8 ~ 9分 □合格6 ~ 8分 □差6分以下	
	PPT 专业性	10分	□优9 ~ 10分 □良8 ~ 9分 □合格6 ~ 8分 □差6分以下	

综合评估	优点	
	需改进	

评估结果	最终得分：　　　分 □不合格 □合格	评估人签名

4. 技术人员培训效果观察记录表

技术人员培训效果观察记录表

培训课程		培训日期	年　　月　　日
观察对象	参训技术人员回到岗位后的全部工作过程	观察记录员	
项　目			
观察到的现象	培训前		
	培训后		
结　论			
其他特殊情况			

5. 课程评价表

课程评价表

姓名 _____ 培训课程 _____ 评价时间 _____

评价项目	评价内容
对本课程的整体印象	□ 优　□ 良　□ 中等　□ 差 本课程最有效的一点是什么 _____ 本课程哪一点没有帮助 _____
对培训师授课水平的评价	□ 优　□ 良　□ 中等　□ 差
对课程内容的评价	□ 优　□ 良　□ 中等　□ 差
对互动、交流的评价	□ 优　□ 良　□ 中等　□ 差
对培训形式的评价	□ 优　□ 良　□ 中等　□ 差
对教材、讲义的评价	□ 优　□ 良　□ 中等　□ 差
对教室设施的评价	□ 优　□ 良　□ 中等　□ 差
意见与建议	（1）本课程是否满足了您的愿望？如果是，达到了何种程度？如果不是，为什么 _____ （2）您认为从本课程学到了什么 _____ （3）您认为应如何改进此类培训课程 _____ （4）您认为有必要提出的批评和建议是什么 _____

6. 培训评估报告

为便于跨界培训师了解培训评估结果，有效改进培训质量。在培训评估结束后，评估人员应及时提交培训评估报告。

培训评估报告

（1）导言，介绍培训项目的概况、评估的目的和性质。

（2）概述评估实施的过程。

（3）阐述评估结果。

（4）解释、评论评估结果并提出参考意见。

（5）附录，主要包括收集评估信息所采用的相关资料、图表、工具等，目的在于让他人判定评估者的评估工作是否科学、合理。

7. 培训开班作业标准流程（SOP）

一般规范的培训开班作业标准流程（SOP，Standard Operating Procedure），可以参考下表的内容。

培训开班作业标准流程（SOP）

开班关键工作	具体要求
培训信息和培训需求确认	• 确定学习者培训需求 • 确定课程表、课程时间 • 确定课酬及相关费用 • 确定日程安排
项目立项	• 填写立项书（找财务或行政要，然后报领导指示） • 预算表（找财务要） • 政策文件表（交领导审核）
签定培训协议	• 签协议 • 交财务和行政备案
开班前	
报告开班计划	• 向行政或咨询部提交开班时间表 • 得到开班批准 • 申请备用金
准备评估表	• 每日意见反馈表，每天每人 1 份
准备教具、教材、横幅等 （提前 1 天）	• 教具准备： 根据课程培训需要教具、设备。基本必有：投影仪（1 台）、电脑（1 台）、白板（每组 1 块）、1K 白板纸（小组数 ×4× 天数）、白板笔（红＋黑 × 小组数＋培训师用）、音响、话筒等 • 教材准备：根据课程内容准备相关教材 • 发课程宣传单 • 制作横幅
名牌、坐牌	• 学习者的胸牌（姓名、单位） • 学习者的坐牌（姓名、单位）
培训场地布置与检查	• 投影 • 音响 • 摆桌 • 拉横幅（根据场地情况） • 张贴学习园地和积分榜
开课前沟通	与学习者沟通开班细节和要求
班前会	• 班级会议，强调纪律和安全 • 其他事项（安全、卫生、应急药品等）
开班中	
签到与建群	• 建学习群 • 签到时确认姓名、身份证、电话、微信、邮件、QQ（收集尚未提交的报名材料）

续表

开班关键工作	具体要求
发放材料	发放资料给学习者，并让学习者签收
开班	• 培训师讲话 • 培训师宣读安全要求和班组纪律 • 合影 • 成立班组织（建班委、小组、交流群）
授课与培训	• 根据课程内容进行授课和培训 • 也可以根据学习者的特点和职业特点适当调整授课方式
拍照、随堂记录	• 课程现场拍照和录像（制作结业回顾视频） • 记录培训师的表现 • 记录学习者的表现 • 记录学习者的要求
按项目要求收集整理培训档案资料	• 制作学习者通讯录 • 每日意见反馈表 • 培训评估表 • 学习者签到表 • 学习者成绩表
培训总结会	• 培训师总结 • 学习者代表总结
结业仪式	• 播放培训回顾视频 • 颁发优秀学习者、优秀班干、优秀实训课证书 • 发放合影 • 发放学习者通讯录
开班后	
费用结算与对账	结算各种费用
报告评估结果	培训结果报告，同时上交 1 份纸质报告
办理相关证书	• 在 30 个工作日内办理相关证书，如未能及时办理要说明 • 证书的资料必须在网上可以查
培训总结	培训师认真总结，并书面报告培训情况